국제토셀위원회

TOSEL
예상문제집

JUNIOR

TOSEL 기출 문제 5회 수록
국제토셀위원회 공식 교재

Pre Starter

Starter

Basic

Junior

High Junior

CONTENTS

정답 및 해설 별책

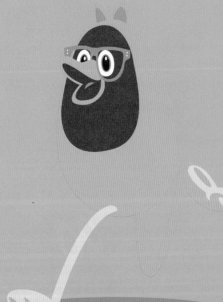

About this book

1 Actual Test

토셀 최신 유형을 반영하여
실전 모의고사를 5회 실었습니다.
수험자들의 토셀 시험 대비 및
적응력 향상에 도움이 됩니다.

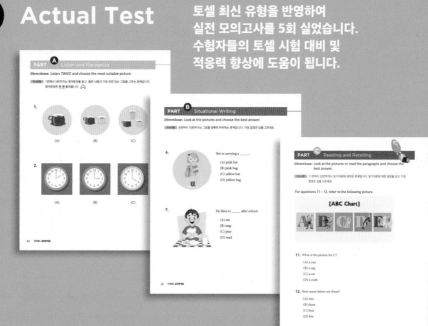

2 Appendix

필수 어휘를 포함해 모의고사
빈출 어휘 목록을 수록했습니다.
평소 어휘 정리뿐만 아니라
시험 직전 대비용으로 활용 가능합니다.

3 Answer

자세한 해설과 문제 풀이로
오답 확인 및 시험 대비를 위한 정리가 가능합니다.

TOSEL® Level Chart TOSEL 단계표

COCOON
아이들이 접할 수 있는 공식 인증 시험의 첫 단계로써, 아이들의 부담을 줄이고
즐겁게 흥미를 유발할 수 있도록 컬러풀한 색상과 디자인으로 시험지를 구성하였습니다.

Pre-STARTER
친숙한 주제에 대한 단어, 짧은 대화, 짧은 문장을 사용한 기본적인 문장표현 능력을 측정합니다.

STARTER
흔히 접할 수 있는 주제와 상황과 관련된 주제에 대한 짧은 대화 및 짧은 문장을 이해하고
일상생활 대화에 참여하며 실질적인 영어 기초 의사소통 능력을 측정합니다.

BASIC
개인 정보와 일상 활동, 미래 계획, 과거의 경험에 대해 구어와 문어의 형태로 의사소통을
할 수 있는 능력을 측정합니다.

JUNIOR
일반적인 주제와 상황을 다루는 회화와 짧은 단락, 실용문, 짧은 연설 등을 이해하고 간단한
일상 대화에 참여하는 능력을 측정합니다.

HIGH JUNIOR
넓은 범위의 사회적, 학문적 주제에서 영어를 유창하고 정확하게, 효과적으로 사용할 수 있는
능력 및 중문과 복잡한 문장을 포함한 다양한 문장구조의 사용 능력을 측정합니다.

ADVANCED
대학 및 대학원에서 요구되는 영어능력과 취업 또는 직업근무환경에 필요한 실용영어능력을
측정합니다.

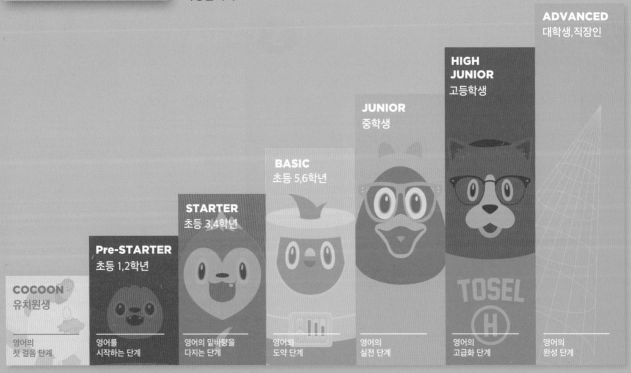

COCOON 유치원생 · 영어의 첫 걸음 단계

Pre-STARTER 초등 1,2학년 · 영어를 시작하는 단계

STARTER 초등 3,4학년 · 영어의 밑바탕을 다지는 단계

BASIC 초등 5,6학년 · 영어의 도약 단계

JUNIOR 중학생 · 영어의 실전 단계

HIGH JUNIOR 고등학생 · 영어의 고급화 단계

ADVANCED 대학생,직장인 · 영어의 완성 단계

About TOSEL®

TOSEL은 각급 학교 교과과정과 연령별 인지단계를 고려하여 단계별 난이도와 문항으로
영어 숙달 정도를 측정하는 영어 사용자 중심의 맞춤식 영어능력인증 시험제도입니다.
평가유형에 따른 개인별 장점과 단점을 파악하고, 개인별 영어학습 방향을 제시하는 성적분석자료를 제공하여
영어능력 종합검진 서비스를 제공함으로써 영어 사용자인 소비자와
영어능력 평가를 토대로 영어교육을 담당하는 교사 및 기관 인사관리자인 공급자를
모두 만족시키는 영어능력인증 평가입니다.

TOSEL은 인지적-학문적 언어 사용의 유창성 (Cognitive-Academic Language Proficiency, CALP)과
기본적-개인적 의사소통능력 (Basic Interpersonal Communication Skill, BICS)을
엄밀히 구분하여 수험자의 언어능력을 가장 친밀하게 평가하는 시험입니다.

대상	목적	용도
유아, 초, 중, 고등학생, 대학생 및 직장인 등 성인	한국인의 영어구사능력 증진과 비영어권 국가의 영어 사용자의 영어구사능력 증진	실질적인 영어구사능력 평가 + 입학전형 및 인재선발 등에 활용 및 직무역량별 인재 배치

연혁

2002.02	국제토셀위원회 창설 (수능출제위원역임 전국대학 영어전공교수진 중심)
2004.09	TOSEL 고려대학교 국제어학원 공동인증시험 실시
2006.04	EBS 한국교육방송공사 주관기관 참여
2006.05	민족사관고등학교 입학전형에 반영
2008.12	고려대학교 편입학시험 TOSEL 유형으로 대체
2009.01	서울시 공무원 근무평정에 TOSEL 점수 가산점 부여
2009.01	전국 대부분 외고, 자사고 입학전형에 TOSEL 반영 (한영외국어고등학교, 한일고등학교, 고양외국어고등학교, 과천외국어고등학교, 김포외국어고등학교, 명지외국어고등학교, 부산국제외국어고등학교, 부일외국어 고등학교, 성남외국어고등학교, 인천외국어고등학교, 전북외국어고등학교, 대전외국어고등학교, 청주외국어고등학교, 강원외국어고등학교, 전남외국어고등학교)
2009.12	청심국제중・고등학교 입학전형 TOSEL 반영
2009.12	한국외국어교육학회, 팬코리아영어교육학회, 한국음성학회, 한국응용언어학회 TOSEL 인증
2010.03	고려대학교, TOSEL 출제기관 및 공동 인증기관으로 참여
2010.07	경찰청 공무원 임용 TOSEL 성적 가산점 부여
2014.04	전국 200개 초등학교 단체 응시 실시
2017.03	중앙일보 주관기관 참여
2018.11	관공서, 대기업 등 100여 개 기관에서 TOSEL 반영
2019.06	미얀마 TOSEL 도입 발족식 베트남 TOSEL 도입 협약식
2019.11	고려대학교 편입학전형 반영
2020.06	국토교통부 국가자격시험 TOSEL 반영
2021.07	소방청 간부후보생 선발시험 TOSEL 반영
2021.11	고려대학교 공과대학 기계학습・빅데이터 연구원 AI 연구 협약
2022.05	AI 영어학습 플랫폼 TOSEL Lab 공개
2023.11	고려대학교 경영대학 전국 고등학생 대상 정기캠퍼스 투어 프로그램 후원기관 참여
2024.01	제1회 TOSEL VOCA 올림피아드 실시
2024.03	고려대학교 미래교육원 TOSEL 전문가과정 개설

Evaluation —————— 평가

평가의 기본원칙

TOSEL은 PBT(PAPER BASED TEST)를 통하여 간접평가와 직접평가를 모두 시행합니다.

TOSEL은 언어의 네 가지 요소인 읽기, 듣기, 말하기, 쓰기 영역을 모두 평가합니다.

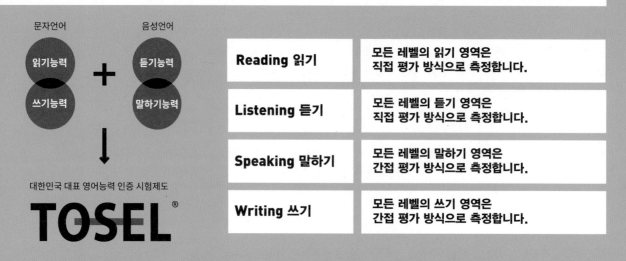

Reading 읽기	모든 레벨의 읽기 영역은 직접 평가 방식으로 측정합니다.
Listening 듣기	모든 레벨의 듣기 영역은 직접 평가 방식으로 측정합니다.
Speaking 말하기	모든 레벨의 말하기 영역은 간접 평가 방식으로 측정합니다.
Writing 쓰기	모든 레벨의 쓰기 영역은 간접 평가 방식으로 측정합니다.

문자언어   음성언어

읽기능력 **+** 듣기능력

쓰기능력   말하기능력

대한민국 대표 영어능력 인증 시험제도

TOSEL®

TOSEL은 연령별 인지단계를 고려하여 아래와 같이 7단계로 나누어 평가합니다.

1 단계	**TOSEL®** COCOON	5~7세의 미취학 아동
2 단계	**TOSEL®** Pre-STARTER	초등학교 1~2학년
3 단계	**TOSEL®** STARTER	초등학교 3~4학년
4 단계	**TOSEL®** BASIC	초등학교 5~6학년
5 단계	**TOSEL®** JUNIOR	중학생
6 단계	**TOSEL®** HIGH JUNIOR	고등학생
7 단계	**TOSEL®** ADVANCED	대학생 및 성인

Grade Report ———— 성적표 및 인증서

고도화 성적표: 응시자 개인별 최적화 AI 정밀진단

20여년간 축적된 약 100만명 이상의 엄선된 응시자 빅데이터를 TOSEL AI로 분석·진단한 개인별 성적자료

전국 단위 연령, 레벨 통계자료를 활용하여 보다 정밀한 성취 수준 판별
파트별 강/약점, 영역별 역량, 8가지 지능, 단어 수준 등을 비교 및 분석하여 폭넓은 학습 진단
오답 문항 유형별 심층 분석 자료 및 솔루션으로 학습 방향 제시, TOSEL과 수능 및 교과학습 성취기준과의 연계
모바일 기기 지원 - UX/UI 개선, 반응형 웹페이지로 구현되어 태블릿, 휴대폰, PC 등 다양한 기기 환경에서 접근 가능

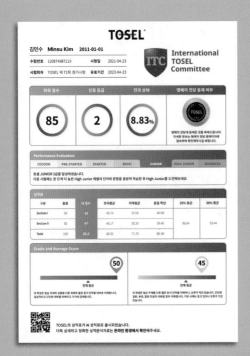

기본 제공 성적표

고도화 성적표 (일부 유료)

단체 성적 분석 자료

단체 및 기관 대상

- 레벨별 평균성적추이, 학생분포
  섹션 및 영역별 평균 점수, 표준편차

TOSEL Lab 지정교육기관 대상 추가 제공

- 원생 별 취약영역 분석 및 보강방안 제시
- TOSEL수험심리척도를 바탕으로 학생의 응답 특이성을
  파악하여 코칭 방안 제시
- 전국 및 지역 단위 종합적 비교분석
  (레벨/유형별 응시자 연령 및 규모, 최고득점 등)

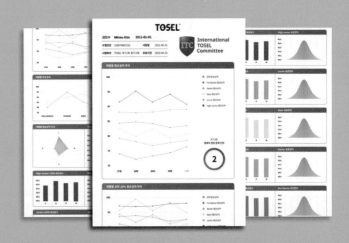

'토셀 명예의 전당' 등재

특별시, 광역시, 도 별 **1등 선발**
(7개시 9개도 **1등 선발**)

*홈페이지 로그인 - 시험결과 - 명예의 전당에서
 해당자 등재 증명서 출력 가능

'학업성취기록부'에 토셀 인증등급 기재

개인별 **'학업성취기록부'** 평생 발급
진학과 취업을 대비한 **필수 스펙관리**

인증서

대한민국 초,중,고등학생의 영어숙달능력 평가 결과 공식인증

고려대학교 인증획득 (2010. 03)

한국외국어교육학회 인증획득 (2009. 12)

한국음성학회 인증획득 (2009. 12)

한국응용언어학회 인증획득 (2009. 11)

팬코리아영어교육학회 인증획득 (2009. 10)

Actual Test 1

Section I

Listening and Speaking

Part **A** *Listen and Respond*

10 Questions

Part **B** *Listen and Retell*

15 Questions

Part **C** *Listen and Speak*

5 Questions

Directions: You will hear English sentences and answer choices (A), (B), (C), and (D). The sentences and the choices will be spoken TWICE. Listen carefully and choose the most suitable answer.

지시사항 1번부터 10번까지는 영어 문장을 듣고, 들은 말에 대한 가장 알맞은 대답을 고르는 문제입니다. 영어질문과 보기는 **두 번** 들려주며 (A), (B), (C), (D) 중에서 하나를 고르세요. **A**

1. Mark your answer on your answer sheet.

2. Mark your answer on your answer sheet.

3. Mark your answer on your answer sheet.

4. Mark your answer on your answer sheet.

5. Mark your answer on your answer sheet.

6. Mark your answer on your answer sheet.

7. Mark your answer on your answer sheet.

8. Mark your answer on your answer sheet.

9. Mark your answer on your answer sheet.

10. Mark your answer on your answer sheet.

Directions: You will hear short talks or conversations. They will be spoken TWICE. Listen carefully, read each question and choose the best answer.

지시사항 11번부터 25번까지는 짧은 대화나 이야기를 **두 번** 듣고, 주어진 질문에 가장 알맞은 답을 고르는 문제입니다.

11. What are they doing?

   (A) building a sandcastle
   (B) waving to each other
   (C) swimming in the ocean
   (D) eating a sandwich

12. What does the boy have to do?

   (A) to see grandparents
   (B) to check the time
   (C) to go to piano practice
   (D) to visit a shopping mall

13. Where are they?

   (A) at a school
   (B) at an airport
   (C) at a bus stop
   (D) at a grocery store

14. Who will be driving them to the library?

    (A) the boy's mother

    (B) the boy's father

    (C) the girl's mother

    (D) the girl's father

15. Why has the school been closed?

    (A) because of a fire

    (B) because of a storm

    (C) because of sickness

    (D) because of a holiday

16. What kind of book will the girl buy?

    (A) horror

    (B) fantasy

    (C) mystery

    (D) romance

17. How long have they been waiting?

    (A) five minutes

    (B) twenty minutes

    (C) thirty minutes

    (D) sixty minutes

[18-19]

18. What is the girl inviting Patrick to do?

    (A) to go on vacation

    (B) to watch a movie

    (C) to buy some candy

    (D) to visit her dad at work

19. When did Rosa's dad buy candy?

    (A) on his vacation in China

    (B) on his way back from work

    (C) around 7:00 in the morning

    (D) while he was watching a movie

[20-21]

20. What is the boy talking about?

    (A) the dangers of light bulbs

    (B) the life of Thomas Edison

    (C) the best way to give a speech

    (D) the importance of being smart

21. According to Edison, what kind of person makes a good inventor?

    (A) a person who gives up easily

    (B) a person who rests enough

    (C) a person who works hard

    (D) a person who is smart

[22-23]

22. Where is this announcement made?

    (A) at a mall

    (B) at a bus stop

    (C) at a street corner

    (D) at a subway

23. What does the woman want people to do?

    (A) fix the train

    (B) transfer trains

    (C) board the train

    (D) wait on the train

[24-25]

24. When will the fire alarm sound?

    (A) in five minutes

    (B) in ten minutes

    (C) in fifteen minutes

    (D) in twenty minutes

25. Where will the students meet?

    (A) near the doors

    (B) at the fire station

    (C) in the field

    (D) in the parking lot

Directions: You will hear conversations in English. They will be spoken TWICE. After you listen to the conversations, read each question and choose the best response to what the last speaker says.

지시사항 26번부터 30번까지는 대화를 영어로 **두 번** 듣고, 대화의 마지막 질문이나 마지막 말 뒤에 이어질 가장 알맞은 응답을 주어진 질문에 맞게 고르는 문제입니다. C

26. What's next?

(A) I hate the rain, too.
(B) Stand with me under mine.
(C) You don't need it with this sun.
(D) Neither of us have umbrellas.

27. What's next?

(A) I hate ice cream.
(B) I'm going home.
(C) I slipped on the ice.
(D) I'm getting chocolate.

28. What's next?

(A) You have less than I.
(B) You have more than I.
(C) You have as much as I.
(D) You don't have any money.

29. What's next?

    (A) Why did you find it boring?

    (B) It was clearly an action movie.

    (C) I guess we have different tastes.

    (D) I liked it just as much as you did.

30. What's next?

    (A) We've made it back home.

    (B) The days are getting longer.

    (C) Okay, then. Can we stay here?

    (D) Please! Just five more minutes.

Section II

Reading and Writing

Part (A) *Sentence Completion*
5 Questions

Part (B) *Situational Writing*
5 Questions

Part (C) *Practical Reading and Retelling*
10 Questions

Part (D) *General Reading and Retelling*
10 Questions

Directions: You will see conversations with blanks. Read carefully and choose the one which best completes the blanks.

1. A: I'm hungry.

    B: _____ you want popcorn?

    (A) Do
    (B) Are
    (C) Does
    (D) Were

2. A: _____ can I get there?

    B: Take the subway to Central Station.

    (A) How
    (B) Why
    (C) When
    (D) Where

3. A: Why _____ you at school today?

    B: I wasn't feeling well.

    (A) aren't
    (B) wasn't
    (C) weren't
    (D) haven't

4. A: Does he want fruits on his cereal?

    B: Yes, he wants _____ strawberries.

    (A) no
    (B) any
    (C) some
    (D) every

5. A: _____ you could go anywhere in the world, where would you go?

    B: I want to go to the Amazon River.

    (A) If
    (B) So
    (C) That
    (D) Such

Directions: You will see pictures and incomplete sentences. Choose the one which best completes the sentences.

지시사항   6번부터 10번까지는 그림을 보고 문장을 완성하는 문제입니다. 가장 알맞은 답을 고르세요.

6.

It's fun to get down on a _____!

(A) sled
(B) slam
(C) swing
(D) smash

7.

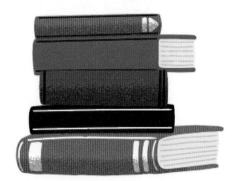

There are _____ books.

    (A) two red

    (B) three blue

    (C) four red

    (D) five blue

8.

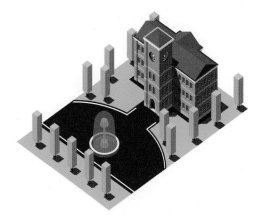

You can see a fountain _____ the building.

    (A) between

    (B) in front of

    (C) far away from

    (D) on the corner of

9.

Mrs. Ben is _____ weights.

    (A) lifting

    (B) rolling

    (C) laying

    (D) resting

10.

You should throw away _____ trash.

    (A) stinky

    (B) smooth

    (C) pleased

    (D) peaceful

PART C Practical Reading and Retelling

Directions: You will see practical reading materials. Each reading material is followed by questions about it. Choose the best answer to each question.

지시사항 11번부터 20번까지는 실용적 읽기자료에 관련된 문제입니다. 각 읽기자료 다음에는 질문이 제시됩니다. 각 질문에 해당하는 가장 알맞은 답을 고르세요.

For questions 11 – 12, refer to the following chart.

Garry's Chores

Things To Do	SUN	MON	TUE	WED	THU	FRI	SAT
Wash the dishes	O	O	O	O	O	O	O
Sweep the floor		O	O	O	O	O	
Clean the bedroom		O		O			
Clean the bathroom	O			O			
Take out the garbage	O	O	O	O	O	O	O

11. What is the chart about?

(A) food calories
(B) food recipes
(C) work hours
(D) work schedule

12. What should Garry do on Tuesday?

(A) sweep the floor, clean the bedroom, and take out the garbage
(B) wash the dishes, sweep the floor, and clean the bedroom
(C) wash the dishes, and clean the bathroom
(D) wash the dishes, sweep the floor, and take out the garbage

For questions 13 – 14, refer to the following information.

Country Fact File

Country name	Tanzania
Size	943,776 square kilometers
Population	47,421,786 as of June 2015
Capital	Dar es Salaam
Languages	Swahili and English
Weather	hot but cool at night
Products	coffee, cotton, meat, tea, nuts, sugarcane, coconuts, diamonds, gold, iron, wood products, salt
Money	Shilling

13. What is the capital city of Tanzania?

(A) Tanzania city

(B) Dar es Salaam

(C) Swahili

(D) Shilling

14. What do they NOT have?

(A) meat

(B) nuts

(C) coconuts

(D) pineapples

For questions 15 – 16, refer to the following information.

Harry Potter

Harry Potter - Initial US Print Runs

Sorcerer's Stone	Sep. 1998	50,000
Chamber of Secrets	Jun. 1999	250,000
Prisoner of Azkaban	Sep. 1999	500,000
Goblet of Fire	Jul. 2000	3.8 million
Order of the Phoenix	Jun. 2003	6.8 million
Half-blood Prince	Jul. 2005	10.8 million

15. When was the second *Harry Potter* book published?

   (A) 1998
   (B) 1999
   (C) 2000
   (D) 2003

16. What book was printed the most?

   (A) *Order of the Phoenix*
   (B) *Goblet of Fire*
   (C) *Prisoner of Azkaban*
   (D) *Half-Blood Prince*

For questions 17 – 18, refer to the following information.

TOP TEN LIST OF WORLD'S LARGEST COUNTRIES

Russia	17,075,200 km^2
Canada	9,984,670 km^2
United States	9,826,630 km^2
China	9,596,960 km^2
Brazil	8,511,965 km^2
Australia	7,686,850 km^2
India	3,287,590 km^2
Argentina	2,766,890 km^2
Kazakhstan	2,717,300 km^2
Sudan	2,505,810 km^2

17. Which country is the fourth largest?

(A) Russia

(B) Brazil

(C) China

(D) Sudan

18. What countries are between 3,000,000 and 8,000,000 km^2 in size?

(A) Australia only

(B) India and Australia

(C) India, Australia and Brazil

(D) Argentina and Brazil

For questions 19 – 20, refer to the following information.

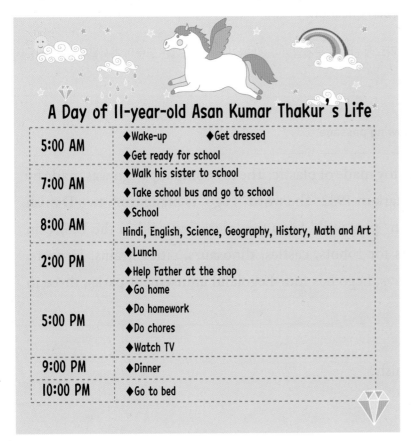

A Day of 11-year-old Asan Kumar Thakur's Life

5:00 AM	◆Wake-up ◆Get dressed ◆Get ready for school
7:00 AM	◆Walk his sister to school ◆Take school bus and go to school
8:00 AM	◆School Hindi, English, Science, Geography, History, Math and Art
2:00 PM	◆Lunch ◆Help Father at the shop
5:00 PM	◆Go home ◆Do homework ◆Do chores ◆Watch TV
9:00 PM	◆Dinner
10:00 PM	◆Go to bed

19. How long does Asan stay at school?

    (A) for 5 hours

    (B) for 6 hours

    (C) for 7 hours

    (D) for 8 hours

20. How does Asan go to school?

    (A) on foot

    (B) by bus

    (C) by car

    (D) by taxi

Directions: You will see various reading materials. Each reading material is followed by questions about it. Choose the best answer to each question.

지시사항 21번부터 30번까지는 다양한 읽기자료에 관련된 문제입니다. 각 읽기자료 다음에는 질문이 제시됩니다. 각 질문에 해당하는 가장 알맞은 답을 고르세요.

For questions 21 - 22, refer to the following passage.

> Lego is a very popular building toy made of plastic. The toy company Lego was made by Ole Kirk Christiansen of Denmark in 1932. The word "Lego" is made from two Danish words, "Leg Godt," which mean "play well." Lego toys were first sold in the U.S.A. in 1961. Lego has made play sets for robots, castles, dinosaurs, cities, trains, airports, *Star Wars,* and even *Harry Potters.* Lego has four Legoland amusement parks, three in Europe and one in California.

21. What does Lego mean in Danish?

    (A) play well
    (B) use plastic
    (C) build higher
    (D) enjoy games

22. Which play sets did Lego NOT make?

    (A) airports
    (B) *Star Wars*
    (C) dinosaurs
    (D) Christiansen

For questions 23 - 24, refer to the following passage.

Do you like chocolate? People from all over the world like the taste of chocolate. Here are some of interesting facts about chocolate. Read and check how many you know. First, chocolate is a food made from the seeds of the cacao tree. Cacao trees only live in hot, rainy places near the Equator. Second, the scientific name for chocolate means "food for the gods." Third, some animals, like dogs and cats, will become sick or even die from eating chocolate. Lastly, your chocolate probably contains bugs. On average, a chocolate bar contains around eight insect parts. Which fact surprises you most?

23. What is a good title for this passage?

(A) The Origin of Chocolate

(B) Weird Chocolate Facts

(C) A Chocolate Tale

(D) From Cacao to Chocolate

24. What is NOT true about chocolate?

(A) Chocolate is bad for dogs and cats.

(B) You may eat bugs while eating chocolate.

(C) Chocolate is made from cacao beans, the seeds of a cacao tree.

(D) The original name for chocolate means "food for dogs."

For questions 25 - 26, refer to the following passage.

Did you know that the Latin word for "tree" is "arbor"? In the United States, Arbor Day is the tree planters' holiday and has been celebrated on the last Friday in April since 1872. It began in Nebraska because there were almost no trees back in the 1800's. It is a day to plant trees to help nature and the environment. Arbor Day is also celebrated by other countries. In South Korea, "Tree Planting Day" is celebrated on April 5th every year. People all over the world celebrate at different times to give back to nature.

25. When do people celebrate Arbor Day in America?

   (A) in 1800
   (B) in the summer
   (C) on April 5th every year
   (D) on the last Friday in April

26. Why do people celebrate the holiday?

   (A) because they want to sell many trees
   (B) because they need to make many houses
   (C) because they hope to help nature by planting trees
   (D) because they planted a lot of trees in Nebraska in the past

For questions 27 – 28, refer to the following passage.

Martin Luther King Jr. was born on January 15th, 1929, in Atlanta, Georgia. He was an excellent student in school. He entered college when he was only 15 years old. After graduating from college, he became a minister. He decided to make the world better for African Americans. During the 1950's, he fought against the unfair treatment of African Americans. He won the Nobel Peace Prize in 1964. He was killed on April 4th, 1968. Martin Luther King Day is celebrated each year in January, the month in which he was born.

27. What did Martin Luther King do to make the world better?

    (A) He fought for women's rights.
    (B) He tried to win the Nobel Peace Prize.
    (C) He fought against unfairness toward different races.
    (D) He tried to show that African Americans were the best.

28. What did King Jr. become when he graduated from college?

    (A) doctor
    (B) minister
    (C) engineer
    (D) politician

For questions 29 – 30, refer to the following passage.

Every afternoon, as children were coming from school, they used to go and play in the giant's garden. It was a large lovely garden with soft grass and beautiful flowers. Children were so happy there. One day, the giant came back from his visit to his friend's place and saw the children playing in his garden. "What are you doing here?" he cried in an angry voice, and the children ran away. "My garden is my own garden," said the giant. "I will allow nobody to play in it but myself." So he built a high wall around it.

29. What can be said about the giant?

 (A) He is selfish.
 (B) He is friendly.
 (C) He loves children.
 (D) He is too tired from his trip.

30. Why did the giant build a high wall around his garden?

 (A) because he thought his garden was ugly
 (B) because he had to leave his garden to visit his friend
 (C) because he wanted to keep the children in his garden
 (D) because he did not want the children to come in his garden

Actual Test 2

Section I

Listening and Speaking

Part **A** *Listen and Respond*
10 Questions

Part **B** *Listen and Retell*
15 Questions

Part **C** *Listen and Speak*
5 Questions

Directions: You will hear English sentences and answer choices (A), (B), (C), and (D). The sentences and the choices will be spoken TWICE. Listen carefully and choose the most suitable answer.

지시사항 1번부터 10번까지는 영어 문장을 듣고, 들은 말에 대한 가장 알맞은 대답을 고르는 문제입니다. 영어질문과 보기는 **두 번** 들려주며 (A), (B), (C), (D) 중에서 하나를 고르세요. Ⓐ

1. Mark your answer on your answer sheet.

2. Mark your answer on your answer sheet.

3. Mark your answer on your answer sheet.

4. Mark your answer on your answer sheet.

5. Mark your answer on your answer sheet.

6. Mark your answer on your answer sheet.

7. Mark your answer on your answer sheet.

8. Mark your answer on your answer sheet.

9. Mark your answer on your answer sheet.

10. Mark your answer on your answer sheet.

Directions: You will hear short talks or conversations. They will be spoken TWICE. Listen carefully, read each question and choose the best answer.

11. What is Maria good at?

    (A) reading
    (B) sports
    (C) singing
    (D) shopping

12. Where will the boy go tonight?

    (A) a school
    (B) a theater
    (C) a restaurant
    (D) a supermarket

13. Who is next to the girl's father?

    (A) the girl's uncle
    (B) the girl's cousin
    (C) the girl's brother
    (D) the girl's nephew

14. Where did the girl's mom go?

(A) a park

(B) a home

(C) a school

(D) a meeting

15. When does the summer vacation start?

(A) April

(B) May

(C) June

(D) July

16. What time is the soccer practice?

(A) at 2:45

(B) at 3:00

(C) at 3:15

(D) at 3:30

17. What does the boy like to watch more on TV?

(A) sports

(B) news

(C) cartoons

(D) comedies

[18-19]

18. Which island is the girl staying on?

    (A) Fiji

    (B) Phuket

    (C) Bangkok

    (D) Thailand

19. What is she going to try tomorrow?

    (A) scuba diving

    (B) riding an elephant

    (C) tasting a spicy noodle dish

    (D) buying presents for her parents

[20-21]

20. What did the boy and his friends NOT do at the party?

    (A) They drew pictures.

    (B) They had fun at the party.

    (C) Everyone gave him presents.

    (D) They ate lots of delicious food.

21. What did he wear to school?

    (A) red pants

    (B) a blue coat

    (C) red shoes

    (D) a blue shirt

[22-23]

22. What day is NOT good to go to the beaches?

    (A) Sunday

    (B) Monday

    (C) Wednesday

    (D) Thursday

23. What is the new movie about?

    (A) the weather

    (B) the pigeons

    (C) the weekend

    (D) the penguins

[24-25]

24. What is the male sea lion called?

    (A) seal

    (B) bull

    (C) cow

    (D) pup

25. What animal is the biggest?

    (A) a male seal

    (B) a female seal

    (C) a male sea lion

    (D) a female sea lion

Directions: You will hear conversations in English. They will be spoken TWICE. After you listen to the conversations, read each question and choose the best response to what the last speaker says.

지시사항 26번부터 30번까지는 대화를 영어로 **두 번** 듣고, 대화의 마지막 질문이나 마지막 말 뒤에 이어질 가장 알맞은 응답을 주어진 질문에 맞게 고르는 문제입니다. C

26. What's next?

    (A) My teeth are clean.

    (B) I want two aspirins.

    (C) You need an eye doctor.

    (D) You'd better see a dentist.

27. What's next?

    (A) Trains are very fast.

    (B) She missed her train.

    (C) Our journey is very long.

    (D) Tickets are very expensive.

28. What's next?

    (A) Ice cream is the best.

    (B) Let's go and eat one now.

    (C) Strawberry is my favorite.

    (D) I like the old ice cream shop better.

29. What's next?

(A) My bike is new.

(B) Yes, I cut my knee.

(C) I'm wearing a helmet.

(D) Yes, but the bike is broken.

30. What's next?

(A) Never buy bags.

(B) The teacher has many bags.

(C) Sure, my teacher likes black bags.

(D) Thanks, I will get it from the teacher.

Reading and Writing

Part **A** *Sentence Completion*
5 Questions

Part **B** *Situational Writing*
5 Questions

Part **C** *Practical Reading and Retelling*
10 Questions

Part **D** *General Reading and Retelling*
10 Questions

Directions: You will see conversations with blanks. Read carefully and choose the one which best completes the blanks.

지시사항 1번에서 5번까지는 빈칸을 알맞게 채워 대화를 완성하는 문제입니다. 가장 알맞은 답을 고르세요.

1. A: That video game is expensive.

   B: I don't care. I will _____ it anyway.

   (A) buy
   (B) bought
   (C) buying
   (D) to buy

2. A: Will you help me move these boxes?

   B: I can _____ they are not too heavy.

   (A) if
   (B) so
   (C) and
   (D) but

3. A: You are really good at swimming.

   B: Thanks. I _____ hard for a
   month.

   (A) practicing
   (B) was practice
   (C) will practice
   (D) have been practicing

4. A: Is my favorite show on yet?

   B: _____

   (A) Yes, it is.
   (B) Yes, they are.
   (C) No, there aren't.
   (D) No, you aren't.

5. A: _____ do you like the food?

   B: The meal is excellent, thank you.

   (A) Who
   (B) How
   (C) When
   (D) Where

Directions: You will see pictures and incomplete sentences. Choose the one which best completes the sentences.

지시사항 6번부터 10번까지는 그림을 보고 문장을 완성하는 문제입니다. 가장 알맞은 답을 고르세요.

6.

Tony got the _____ medal.

    (A) gold

    (B) silver

    (C) glass

    (D) lace

7.

I'm _____ for my friend's birthday.

   (A) buying a bowl

   (B) working at a game

   (C) making a cake

   (D) opening a can

8.

Would you like _____ pizza?

   (A) a jug of

   (B) a slice of

   (C) a bottle of

   (D) a packet of

9.

My cousin is a _____ artist.

    (A) trapeze

    (B) juggling

    (C) unicycle

    (D) tightrope

10.

The chef is holding a _____.

    (A) ladle

    (B) whisk

    (C) grater

    (D) spatula

Directions: You will see practical reading materials. Each reading material is followed by questions about it. Choose the best answer to each question.

지시사항 11번부터 20번까지는 실용적 읽기자료에 관련된 문제입니다. 각 읽기자료 다음에는 질문이 제시됩니다. 각 질문에 해당하는 가장 알맞은 답을 고르세요.

For questions 11 - 12, refer to the following schedule.

MiMi's Schedule

	MON	TUE	WED	THU	FRI	SAT	SUN
9:00 / 10:00	Tennis lessons	Math class				Time with Dad	
11:00	Library	Music lessons					
12:00	Lunch	Lunch with Julie				Lunch	
1:00 / 2:00	Go to hospital	Gym class				Free time	
3:00 / 4:00	Homework	English class				Homework	

11. How long is this schedule for?

   (A) one day
   (B) a week
   (C) a month
   (D) a year

12. How many times does she go to hospital this week?

   (A) 1:00
   (B) twice
   (C) after lunch
   (D) Monday and Tuesday

For questions 13 - 14, refer to the following menu.

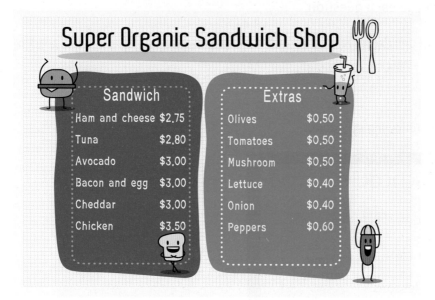

13. What can you NOT order?

(A) peppers

(B) extras

(C) grape juice

(D) a chicken sandwich

14. Which sandwich is the most expensive?

(A) the tuna

(B) the chicken

(C) the cheddar

(D) the ham and cheese

For questions 15 – 16, refer to the following information.

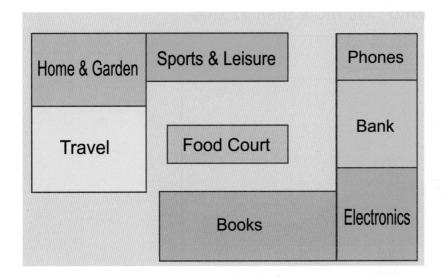

15. What can I buy at this mall?

    (A) a car

    (B) a piano

    (C) a basketball

    (D) a movie ticket

16. Where is the food court?

    (A) in the bank

    (B) on the corner of Phones

    (C) next to Home & Garden

    (D) in the middle of the mall

For questions 17 – 18, refer to the following information.

Number of students who save more than $2,000

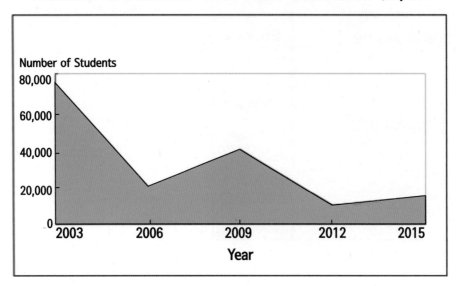

17. When did the fewest number of students save more than $2,000?

    (A) 2003

    (B) 2006

    (C) 2012

    (D) 2015

18. When did 75,000 students save more than $2,000?

    (A) 2003

    (B) 2006

    (C) 2009

    (D) 2012

For questions 19 – 20, refer to the following information.

How to Make a Kite

Step 1

Take two sticks and make a cross. Tie or glue the sticks together.

Step 2

Make a hole in one of the sticks. Tie a very long piece of string to it.

Step 3

Cut the paper into a diamond shape, big enough to cover the sticks. Glue it onto the sticks.

Step 4

Make a tail for the kite by tying ribbons to the string.

Step 5

Decorate it!

19. What do you need to make a kite?

    (A) You need string and sticks.

    (B) You need a handkerchief.

    (C) You need your teacher.

    (D) You need a book and crayons.

20. What shape should you cut the paper into?

    (A) a cross

    (B) a circle

    (C) a triangle

    (D) a diamond

Directions: You will see various reading materials. Each reading material is followed by questions about it. Choose the best answer to each question.

지시사항 21번부터 30번까지는 다양한 읽기자료에 관련된 문제입니다. 각 읽기자료 다음에는 질문이 제시됩니다. 각 질문에 해당하는 가장 알맞은 답을 고르세요.

For questions 21 - 22, refer to the following passage.

Jerry has been in Australia for two years. He is going to university. He wants to be a doctor. He lives in a very small apartment. The apartment belongs to his grandparents. Tonight his friends invite him to a party. Jerry's sister is getting married to a man named Oliver. Oliver works part time with Jerry at a restaurant. They work long hours to help pay for university. Jerry is going to meet his sister at the train station at 7:00, then they will go to the party together. He doesn't want to be late or his sister will be mad!

21. How long has Jerry been in Australia?

(A) two days
(B) one week
(C) two months
(D) two years

22. Why can't Jerry be late to the train station?

(A) because he wants to go to the party
(B) because Oliver will be mad
(C) because his sister will be mad
(D) because he will be lost

For questions 23 - 24, refer to the following passage.

The Simpsons live in a very beautiful house. Mr. Simpson forgot his key. He is knocking on the front door. Mrs. Simpson is looking out their big vegetable garden through the living room window. It has lettuce and tomatoes. Sometimes rabbits eat the lettuce and Mrs. Simpson gets mad! The Simpsons have a dog named Bud. He has a small dog house next to their house. His dog house is under a tree in the shade. The Simpsons and Bud all love their houses.

23. What did Mr. Simpson forget?

    (A) lettuce
    (B) Bud
    (C) rabbits
    (D) his key

24. What do the rabbits sometimes eat?

    (A) lettuce
    (B) Bud's food
    (C) tomatoes
    (D) trees

For questions 25 - 26, refer to the following passage.

Alex and his family love going to the zoo. They enjoy watching the lions, especially while they eat! Alex's sister hates seeing the snakes. They scare her. She doesn't want to go near them. Alex and his sister both like watching the gorillas. When Alex grows up he wants to be an animal trainer. Alex's father likes listening to the birds sing and watching them fly. Sometimes he goes bird watching and takes photos of the most beautiful birds.

25. What does Alex's sister hate seeing?

    (A) the lions
    (B) the snakes
    (C) the birds
    (D) the zoo

26. What does Alex want to be when he grows up?

    (A) a photographer
    (B) a lion hunter
    (C) an animal trainer
    (D) a bird breeder

For questions 27 – 28, refer to the following passage.

> The Statue of Liberty is the tallest metal statue ever made. The people of France gave the Statue to the people of the United States. This was a gift over one hundred years ago. It showed their friendship during the American Revolution. Today, the Statue of Liberty shows freedom and international friendship. The real Statue of Liberty is on Liberty Island in New York, but all around the world there are other, smaller statues which look like her. They can be seen in Paris, around France, Austria, Germany, Italy, Japan, China, and Vietnam.

27. Where is the real Statue of Liberty?

    (A) Paris, France

    (B) Liberty Island, New York

    (C) Austria

    (D) Vietnam

28. What does the Statue of Liberty show?

    (A) the American Revolution

    (B) the tallest metal statue

    (C) freedom and friendship

    (D) a gift to the people of the United States

For questions 29 – 30, refer to the following passage.

One day, a man named Walt Disney had a dream. It was to build a "magical park." He started to build it in July 1954. One year later, he opened the magical park and called it Disneyland. The day it opened was terrible. The weather was so hot. The water did not work. There were too many people in the park. Even though the first day was really bad, it got better. In two months, it was successful. Now, it is one of the most famous places in the world. Kids love to see cartoon characters, like Mickey Mouse, Donald Duck, Snow White, Goofy, and more. You can talk to them and take your picture with your favorite characters. Disneyland is now in Tokyo, Hong Kong and France. You can have a really fun trip with your mom and dad at Disneyland.

29. What happened on opening day?

    (A) It was really cold.
    (B) People did not come to Disneyland.
    (C) There was too much food.
    (D) The weather was hot.

30. What place doesn't have Disneyland?

    (A) Toronto
    (B) Tokyo
    (C) Hong Kong
    (D) France

Actual Test 3

Section I

음원 QR 코드

Listening and Speaking

Part **A** *Listen and Respond*

10 Questions

Part **B** *Listen and Retell*

15 Questions

Part **C** *Listen and Speak*

5 Questions

Directions: You will hear English sentences and answer choices (A), (B), (C), and (D). The sentences and the choices will be spoken TWICE. Listen carefully and choose the most suitable answer.

1. Mark your answer on your answer sheet.

2. Mark your answer on your answer sheet.

3. Mark your answer on your answer sheet.

4. Mark your answer on your answer sheet.

5. Mark your answer on your answer sheet.

6. Mark your answer on your answer sheet.

7. Mark your answer on your answer sheet.

8. Mark your answer on your answer sheet.

9. Mark your answer on your answer sheet.

10. Mark your answer on your answer sheet.

Directions: You will hear short talks or conversations. They will be spoken TWICE. Listen carefully, read each question and choose the best answer.

지시사항   11번부터 25번까지는 짧은 대화나 이야기를 **두 번** 듣고, 주어진 질문에 가장 알맞은 답을 고르는 문제입니다.   B

11. Where is the boy?

    (A) at the zoo

    (B) at the museum

    (C) at the movie theater

    (D) at the sports stadium

12. Where does the girl live?

    (A) in Seoul

    (B) near school

    (C) next to the store

    (D) behind the bus stop

13. Does the boy have a pen?

    (A) No, he doesn't.

    (B) He likes music.

    (C) He wants hers.

    (D) Yes, he does.

14. What will they eat for lunch?

(A) pork

(B) beef

(C) fish

(D) salad

15. What will the girl do this weekend?

(A) She will go with him.

(B) She will watch a movie.

(C) She will go to the sports game.

(D) She will play soccer with Matthew.

16. What will they do together?

(A) go hiking

(B) go running

(C) take a train

(D) do homework

17. What does the girl want to do when she grows up?

(A) do math for a bank

(B) work for a TV station

(C) write for a newspaper

(D) do something scientific

[18-19]

18. Where may a firefly live?

    (A) near salt

    (B) in a park

    (C) in a house

    (D) near a lake

19. Why does a firefly need a light?

    (A) to get a mate

    (B) to stay warm

    (C) to see at night

    (D) to catch its dinner

[20-21]

20. What did he do?

    (A) He went swimming.

    (B) He went to the beach.

    (C) He didn't go anywhere.

    (D) He went to an amusement park.

21. Why was it hard to swim?

    (A) because he can't swim

    (B) because he ate too much

    (C) because his friend can't swim

    (D) because the pool was crowded

[22-23]

22. What happened?

   (A) It was too hot.

   (B) There was a bus.

   (C) There was a game on.

   (D) There was a car accident.

23. How should people travel?

   (A) People should wait.

   (B) People should wear a mask.

   (C) People should travel by subway.

   (D) People should buy a new ticket.

[24-25]

24. Why will he wear purple?

   (A) because he wants to sing

   (B) because it is his school color

   (C) because he wants to support the team

   (D) because he wants to match the banner

25. What will they do?

   (A) They will cheer.

   (B) They will swim.

   (C) They will sleep.

   (D) They will eat lunch.

Directions: You will hear conversations in English. They will be spoken TWICE. After you listen to the conversations, read each question and choose the best response to what the last speaker says.

지시사항 26번부터 30번까지는 대화를 영어로 **두 번** 듣고, 대화의 마지막 질문이나 마지막 말 뒤에 이어질 가장 알맞은 응답을 주어진 질문에 맞게 고르는 문제입니다. 〔c〕

26. What's next?

    (A) Can I lend yours?

    (B) Can I borrow yours?

    (C) Do I want to lend yours?

    (D) Do you want to lend mine?

27. What's next?

    (A) I can't see it.

    (B) Sure, I'd love to.

    (C) I watched it yesterday.

    (D) I've never heard of that.

28. What's next?

    (A) Who?

    (B) It tastes terrible.

    (C) On Friday night.

    (D) I wish I could sing like that.

29. What's next?

    (A) I ate it all, sorry.

    (B) I want the blue one.

    (C) I like pasta better than pizza.

    (D) What if we get half cheese, half meat?

30. What's next?

    (A) I'll turn ten next year.

    (B) I just started last week.

    (C) I like dance music.

    (D) So far I like it.

Section II

Reading and Writing

Part **A** *Sentence Completion*
5 Questions

Part **B** *Situational Writing*
5 Questions

Part **C** *Practical Reading and Retelling*
10 Questions

Part **D** *General Reading and Retelling*
10 Questions

Directions: You will see conversations with blanks. Read carefully and choose the one which best completes the blanks.

지시사항 1번에서 5번까지는 빈칸을 알맞게 채워 대화를 완성하는 문제입니다. 가장 알맞은 답을 고르세요.

1. A: What are they doing?
   B: They _____ the grass.

   (A) cutting
   (B) have cut
   (C) are cutted
   (D) are cutting

2. A: Did you eat _____?
   B: No. I'm still hungry.

   (A) lots of
   (B) a lot of
   (C) too many
   (D) too much

3. A: Can I borrow your skirt?
   B: No. _____ it tonight.

   (A) I'll wear
   (B) I wears
   (C) I did wear
   (D) I wearing

4. A: Where is Mike _____?
   B: I think it's Germany.

   (A) on
   (B) from
   (C) inside
   (D) through

5. A: Do you like pear juice?
   B: No, _____. I prefer grape juice.

   (A) I don't
   (B) you don't
   (C) I won't
   (D) you won't

Directions: You will see pictures and incomplete sentences. Choose the one which best completes the sentences.

지시사항 6번부터 10번까지는 그림을 보고 문장을 완성하는 문제입니다. 가장 알맞은 답을 고르세요.

6.

My mother began to play golf last year and _____.

(A) she is boring

(B) she is artistic

(C) she is noisy

(D) she is playing well

7.

The girl is using _____.

    (A) a cloth to clean her dress

    (B) a sponge to wipe her face

    (C) her shirt to clean her lips

    (D) a bath towel to dry her hands

8.

On Halloween Day, I wore a ghost _____.

    (A) vest

    (B) costume

    (C) flip flops

    (D) bathing suit

9.

She is doing her homework _____.

    (A) in the computer

    (B) on the computer

    (C) before the computer

    (D) around the computer

10.

The girl is hiding _____.

    (A) into the room

    (B) under the table

    (C) beside the chair

    (D) behind the sofa

Directions: You will see practical reading materials. Each reading material is followed by questions about it. Choose the best answer to each question.

지시사항 11번부터 20번까지는 실용적 읽기자료에 관련된 문제입니다. 각 읽기자료 다음에는 질문이 제시됩니다. 각 질문에 해당하는 가장 알맞은 답을 고르세요.

For questions 11 - 12, refer to the following calendar.

APRIL

Sun	Mon	Tues	Wed	Thurs	Fri	Sat
		1 April Fool's Day	2	3	4	5 Arbor Day
6 Soccer Game	7	8	9 Stacey's Birthday	10	11	12 Trip to Jeju island
13	14	15	16	17	18	19

11. What day is the first Tuesday in April?

(A) April eighth
(B) April fifteenth
(C) April Fool's Day
(D) Stacey's birthday

12. When is the soccer game?

(A) a day after Arbor Day
(B) second Sunday of April
(C) a week after April Fool's Day
(D) two days before Stacey's birthday

For questions 13 - 14, refer to the following menu.

13. What food is NOT served on Tuesday?

    (A) noodles
    (B) spaghetti
    (C) fried rice
    (D) chicken salad

14. What can you have in a Plate Lunch?

    (A) main dish, iced tea, and soup
    (B) main dish, fried rice, and meat loaf
    (C) main dish, 2 side dishes, and soup
    (D) main dish, chicken salad, and 1 side dish

For questions 15 – 16, refer to the following information.

15. Where is Scotland?

(A) below Wales

(B) above England

(C) to the south of Ireland

(D) between Wales and England

16. Which part of the country is the biggest?

(A) Wales

(B) Ireland

(C) England

(D) Scotland

For questions 17 – 18, refer to the following chart.

Music Choices of Young Adults

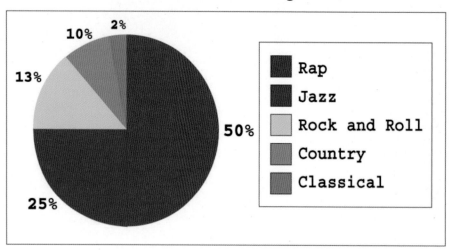

17. Which music is the least popular?

    (A) Rap

    (B) Jazz

    (C) Country

    (D) Classical

18. How many more young adults prefer Jazz to Rock and Roll?

    (A) 12%

    (B) 13%

    (C) 25%

    (D) 38%

For questions 19 – 20, refer to the following information.

3rd Annual Kid's Run

Saturday, June 17th at 1:30 PM

All for fun and fun for all!

- Register on race day between 12-1 PM.
- Free for children aged 3-9
- Each child gets a prize at the finish line.
- Registration and race in Queen Elizabeth Garden Park

For more information, visit our website at www.queenelizabethgarden.org.

19. When does registration for the run begin?

(A) 12:00
(B) 12:30
(C) 1:00
(D) 1:30

20. What is NOT true about this run?

(A) This event is being held for the third time.
(B) Some children will not pay for the race.
(C) Registration will last for 2 hours.
(D) Every child will receive a gift after the race.

Directions: You will see various reading materials. Each reading material is followed by questions about it. Choose the best answer to each question.

지시사항 21번부터 30번까지는 다양한 읽기자료에 관련된 문제입니다. 각 읽기자료 다음에는 질문이 제시됩니다. 각 질문에 해당하는 가장 알맞은 답을 고르세요.

For questions 21 – 22, refer to the following passage.

The most dangerous spider in the world is the Brazilian Wandering Spider. It is one of the few spiders that are poisonous to humans. The Brazilian Wandering Spider also likes to hide in the daytime. It will hide in old clothes, shoes, or boxes. If someone then picks up these things, the spider may bite. The spider will do this to try to save itself from danger.

21. According to the passage, where does the spider like to hide?

(A) in the sunlight
(B) in old clothes
(C) in washing machines
(D) in trees

22. According to the passage, when will the spider bite people?

(A) when it is bored
(B) when it is hungry
(C) when it is depressed
(D) when it feels it is in danger

For questions 23 - 24, refer to the following passage.

A new report says kids run more slowly than 30 years ago. Researchers looked at 25 million children worldwide. On average, today's children run about one kilometer a minute slower than their parents could. How far a child can run is falling every year. Doctors say that one of the biggest reasons is being too fat. Kids are fat because they are eating too much and not exercising enough. Doctors are worried since fatter children mean unhealthier adults in the future. They are more likely to develop conditions like heart disease later in life.

23. What is the biggest reason for kids running more slowly?

    (A) being fat
    (B) breathing problems
    (C) short legs
    (D) heart disease

24. Why are doctors concerned about this issue?

    (A) Children are not spending enough time with their parents.
    (B) Children will likely face more health problems.
    (C) Children are tired of exercising everyday.
    (D) Children do not share their experiences with their parents.

For questions 25 - 26, refer to the following passage.

The Lighthouse of Alexandria was one of the Seven Wonders of the Ancient World. It was built around 270 B.C. on the island of Pharos. It guided ships sailing near the island. The lighthouse stood over 120 meters tall, and its light could be seen over 50 kilometers. The lighthouse is thought to have been one of the largest buildings of its time. Only the two greatest Egyptian Pyramids were larger.

25. How tall was the Lighthouse?

    (A) 30 meters

    (B) 120 meters

    (C) 270 meters

    (D) 300 meters

26. What buildings were taller than the Lighthouse?

    (A) the other six Wonders

    (B) other lighthouses at Pharos

    (C) the palace of the King of Pharos

    (D) the Egyptian Pyramids

For questions 27 – 28, refer to the following passage.

The Eiffel Tower can be found in Paris, France. It is an iron tower that was built in 1889. It is 324 meters tall and is one of France's most important buildings. Over six million people come to see it each year. This makes it the most popular building in the world. The building has been copied by people in many other countries. China, America, Poland, and many other countries have buildings that look much like the Eiffel Tower.

27. Where can people find the original Eiffel Tower?

   (A) America
   (B) China
   (C) France
   (D) Poland

28. According to the passage, what is true about the Eiffel Tower?

   (A) It cost a great deal to build.
   (B) It has been closed to tourists.
   (C) It gets many visitors each year.
   (D) It is considered ugly by the French.

For questions 29 – 30, refer to the following passage.

The largest flower in the world is called the corpse flower. It is called so because it smells like a corpse (dead body). The flower's really bad smell brings flies and other insects to the plant. The flies land on the flower, thinking it is meat they can eat. The flies move from corpse flower to corpse flower the way bees move between normal flowers. The flowers need the flies to do this in order to make seeds.

29. What does the corpse flower smell like?

    (A) a dead body

    (B) a sticky seed

    (C) a small insect

    (D) a fresh hamburger

30. Why does the corpse flower smell this way?

    (A) to catch meat to eat

    (B) to scare off animals

    (C) to attract insects to it

    (D) to make females happy

Actual Test 4

Section I

음원 QR 코드

Listening and Speaking

Part **A** *Listen and Respond*

10 Questions

Part **B** *Listen and Retell*

15 Questions

Part **C** *Listen and Speak*

5 Questions

Directions: You will hear English sentences and answer choices (A), (B), (C), and (D). The sentences and the choices will be spoken TWICE. Listen carefully and choose the most suitable answer.

지시사항 1번부터 10번까지는 영어 문장을 듣고, 들은 말에 대한 가장 알맞은 대답을 고르는 문제입니다. 영어질문과 보기는 **두 번** 들려주며 (A), (B), (C), (D) 중에서 하나를 고르세요. Ⓐ

1. Mark your answer on your answer sheet.

2. Mark your answer on your answer sheet.

3. Mark your answer on your answer sheet.

4. Mark your answer on your answer sheet.

5. Mark your answer on your answer sheet.

6. Mark your answer on your answer sheet.

7. Mark your answer on your answer sheet.

8. Mark your answer on your answer sheet.

9. Mark your answer on your answer sheet.

10. Mark your answer on your answer sheet.

Directions: You will hear short talks or conversations. They will be spoken TWICE. Listen carefully, read each question and choose the best answer.

지시사항 11번부터 25번까지는 짧은 대화나 이야기를 **두 번** 듣고, 주어진 질문에 가장 알맞은 답을 고르는 문제입니다.

11. How will the boy get home?

    (A) by walking

    (B) by car

    (C) by bike

    (D) by running

12. Where does the dog stay?

    (A) in the room

    (B) on the fence

    (C) on the tree

    (D) in the yard

13. What does the girl like better?

    (A) quiet

    (B) calm

    (C) country

    (D) city

14. Where did they visit?

    (A) the dinosaurs

    (B) the new museum

    (C) the theater

    (D) the restaurant

15. When did it rain?

    (A) this morning

    (B) this afternoon

    (C) yesterday morning

    (D) yesterday afternoon

16. What season does the girl like best?

    (A) spring

    (B) summer

    (C) winter

    (D) all seasons

17. Who was too noisy?

    (A) her sister

    (B) her brother

    (C) the neighbors

    (D) her friends

[18-19]

18. What is not the size of cicada?

    (A) 2.5 cm

    (B) 3 cm

    (C) 4.5 cm

    (D) 6 cm

19. Where do cicadas live?

    (A) in the ground

    (B) in the snow

    (C) in the water

    (D) in the summer

[20-21]

20. What does Jennifer like to do?

    (A) to speak in English

    (B) to listen to rock music

    (C) to talk about Europe and North America

    (D) to play tennis

21. Why does Alex want to talk about computers with his pen pal?

    (A) because he likes other languages

    (B) because he wants to learn more

    (C) because computers are his hobby

    (D) because he plays sports

[22-23]

22. What is the name of the movie?

(A) Ratatouille

(B) Remy

(C) Gusteau

(D) Lingini

23. What kind of animal is Remy?

(A) a cat

(B) a dog

(C) a rat

(D) a rabbit

[24-25]

24. What year was the first basketball game played?

(A) 1891

(B) 1892

(C) 1936

(D) 1992

25. What country was James Naismith from?

(A) Germany

(B) America

(C) Mexico

(D) Canada

Directions: You will hear conversations in English. They will be spoken TWICE. After you listen to the conversations, read each question and choose the best response to what the last speaker says.

지시사항 26번부터 30번까지는 대화를 영어로 **두 번** 듣고, 대화의 마지막 질문이나 마지막 말 뒤에 이어질 가장 알맞은 응답을 주어진 질문에 맞게 고르는 문제입니다.

26. What's next?

    (A) I go really fast.

    (B) It's too big.

    (C) Under the umbrella.

    (D) In the park.

27. What's next?

    (A) It's a long walk.

    (B) Yes, my aunt lives there.

    (C) There is a lot of traffic.

    (D) The apartment is new.

28. What's next?

    (A) The dentist is scary.

    (B) I need to brush my teeth.

    (C) I hope you feel better.

    (D) I love the dentist.

29. What's next?

(A) You need to do some laundry.

(B) You need to clean the windows.

(C) There's an hour left.

(D) Don't clean the clothes.

30. What's next?

(A) Pass the nuts, please.

(B) Nuts are good for me.

(C) I'm allergic to nuts.

(D) I love all nuts.

Reading and Writing

Part **A** *Sentence Completion*

5 Questions

Part **B** *Situational Writing*

5 Questions

Part **C** *Practical Reading and Retelling*

10 Questions

Part **D** *General Reading and Retelling*

10 Questions

Directions: You will see conversations with blanks. Read carefully and choose the one which best completes the blanks.

지시사항 1번에서 5번까지는 빈칸을 알맞게 채워 대화를 완성하는 문제입니다. 가장 알맞은 답을 고르세요.

1. A: Where is the post office?

   B: It's _____ the corner.

   (A) on

   (B) next

   (C) from

   (D) between

2. A: Are you afraid of spiders?

   B: Yes. I scream when I see _____.

   (A) they

   (B) them

   (C) their

   (D) theirs

3. A: _____ every day?

   B: No, I run twice a week.

   (A) Do you run

   (B) Are you run

   (C) Did you run

   (D) Were you run

4. A: Where is your washing machine?

   B: _____ in the laundry room.

   (A) Its

   (B) It's

   (C) Their

   (D) They're

5. A: _____ floor is the library on?

   B: It's on the 7th floor.

   (A) When

   (B) What

   (C) Where

   (D) Whose

Directions: You will see pictures and incomplete sentences. Choose the one which best completes the sentences.

지시사항 6번부터 10번까지는 그림을 보고 문장을 완성하는 문제입니다. 가장 알맞은 답을 고르세요

6.

The man _____.

(A) uses a rake to clean the yard

(B) uses a broom to sweep the sidewalk

(C) uses a shovel to move dirt

(D) uses a hammer to fix a fence

7.

The girl _____.

    (A) cleans her room

    (B) helps her father fix the car

    (C) opens the car window

    (D) looks at a car in a store window

8.

Two men are _____.

    (A) carrying a large box

    (B) putting down a book case

    (C) moving a big table

    (D) packing a suitcase

9.

The boy is placing toy soldiers _____.

    (A) next to the box

    (B) in front of the box

    (C) on the top of the box

    (D) around the bottom of the box

10.

The boy is _____.

    (A) eating an apple

    (B) handing back a test

    (C) talking to his friends

    (D) giving an apple to the teacher

Directions: You will see practical reading materials. Each reading material is followed by questions about it. Choose the best answer to each question.

지시사항 11번부터 20번까지는 실용적 읽기자료에 관련된 문제입니다. 각 읽기자료 다음에는 질문이 제시됩니다. 각 질문에 해당하는 가장 알맞은 답을 고르세요.

For questions 11 - 12, refer to the following chart.

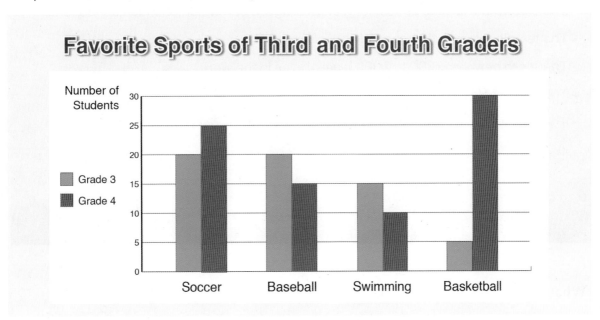

11. How many students in total like baseball?

    (A) 15
    (B) 20
    (C) 25
    (D) 35

12. Which sport is the least popular among fourth grade students?

    (A) soccer
    (B) baseball
    (C) swimming
    (D) basketball

For questions 13 – 14, refer to the following information.

BLUE WHALE FACTS

The blue whale is the largest animal on the Earth. It has grayish-blue skin with light spots. It has about 300 to 400 plates instead of teeth. It uses the plates to get food from the ocean water.

- The blue whale is 70 to 80 feet long on average. It can weigh as much as 150 tons.

- The female is larger than the male.

- There are between 1,300 to 2,000 blue whales in the world.

- The blue whale lives for 80 years.

- The blue whale swims 14 miles per hour. It can dive as deep as 1,640 feet.

- Usually it travels alone or in small groups of two to four.

13. What is the average length of the blue whale?

    (A) 70 - 80 feet

    (B) 80 - 150 feet

    (C) 300 - 400 feet

    (D) 1440 - 1640 feet

14. What do blue whales look like?

    (A) They have big teeth.

    (B) They have spots on their skin.

    (C) They dive very deep into the lake.

    (D) There are around 13,000 of them.

For questions 15 – 16, refer to the following information.

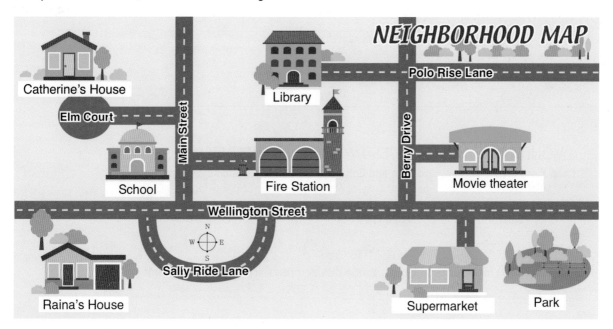

15. Where is the school?

  (A) at the intersection of Berry Drive and Polo Rise Lane

  (B) on the corner of Main Street and Wellington Street

  (C) behind Catherine's house

  (D) next to the supermarket

16. Which street runs North to South?

  (A) Elm Court

  (B) Berry Drive

  (C) Polo Rise Lane

  (D) Wellington Street

For questions 17 – 18, refer to the following menu.

MONDAY
Oven Fired Chicken
Meat Loaf
Mashed Potatoes
Green Beans

TUESDAY
Fish and Chips
Spaghetti & Meat Sauce
Green Beans
Fried Potatoes

WEDNESDAY
Hamburger
Chicken Tacos
Rice and Beans
Green Beans

Plate Lunch ($5.29) includes a main dish, 2 side dishes, bread, iced tea or cold drink

17. What food comes with meat sauce?

(A) oven fried chicken

(B) spaghetti

(C) chicken tacos

(D) fried potatoes

18. How much does a plate lunch cost?

(A) $2.99

(B) $3.79

(C) $5.29

(D) $6.49

For questions 19 – 20, refer to the following table.

NEW YORK CITY BUS FARE

One-Day Family	One-Day Single	Three-Day Single	Five-Day Single	Seven-Day Single
$8.80	$6.00	$11.00	$17.30	$21.00
1-Day Family Ticket = 2 adults and 2 children				

19. How many people can use the Family Ticket?

   (A) 2 people
   (B) 4 people
   (C) 5 people
   (D) 6 people

20. What ticket is the most expensive?

   (A) one-day family
   (B) three-day single
   (C) five-day single
   (D) seven-day single

Directions: You will see various reading materials. Each reading material is followed by questions about it. Choose the best answer to each question.

지시사항 · 21번부터 30번까지는 다양한 읽기자료에 관련된 문제입니다. 각 읽기자료 다음에는 질문이 제시됩니다. 각 질문에 해당하는 가장 알맞은 답을 고르세요.

For questions 21 - 22, refer to the following passage.

Saint Patrick's Day is celebrated in many countries around the world. In Ireland, where Saint Patrick's Day began, it is a national holiday. This day is to remember Saint Patrick, who lived before the eighth century. Many people wear green clothing, eat green food, and drink Irish drinks. Green is the color of shamrock, a kind of plant which is special for the Irish. There are parades and music. In other countries, it is not a holiday, but it is still a fun day.

21. What is shamrock?

(A) a plant
(B) a parade
(C) a kind of food
(D) a kind of music

22. What do people NOT do on Saint Patrick's Day?

(A) They wear green clothes.
(B) They celebrate with music.
(C) They plant shamrock.
(D) They drink Irish drinks.

For questions 23 - 24, refer to the following passage.

A wolf wanted to eat a group of sheep, but a shepherd looked after them well. One day, the wolf found the skin of a sheep, so he put it over himself and joined the other sheep in the field. The shepherd did not notice, and it was easy for the wolf to catch the sheep and eat well. This story tells us that sometimes we can be fooled by the way something looks.

23. Why was the shepherd tricked?

    (A) because the wolf ate grass

    (B) because the sheep couldn't see well

    (C) because the wolf wore a sheep skin

    (D) because the sheep were difficult to catch

24. What is the lesson of this story?

    (A) Wolves are dangerous.

    (B) We should get rid of wolves.

    (C) We should buy sheep skin to eat.

    (D) We shouldn't be deceived by looks.

For questions 25 - 26, refer to the following passage.

Princess Diana was born in 1961. She married Prince Charles when she was 20 years old. She was a beautiful woman and many people loved her. She had two sons, William and Harry who are now grown up. She helped a lot of people. She helped people with AIDS and also tried to stop landmines from being used in war. She died in 1997 in a car accident.

25. How old was she when she died?

(A) 20 years old
(B) 34 years old
(C) 36 years old
(D) 49 years old

26. What is NOT true about Princess Diana?

(A) She was popular.
(B) She was a mother of two boys.
(C) She died of AIDS in 1997.
(D) She helped people who were in need.

For questions 27 – 28, refer to the following passage.

My mother gets up around six every day. She walks around the park with our dog, Terry. My family has breakfast when she gets home. We usually eat cereal and milk. At 8, she gets ready for work. She is a nurse at a hospital. She works really hard and she likes reading on the couch in her free time. She also likes growing vegetables in the backyard.

27. What does the writer's mom do before breakfast?

    (A) She walks the dog.
    (B) She cleans the backyard.
    (C) She waters the vegetables.
    (D) She gets ready to go to work.

28. Where does the writer's mom grow vegetables?

    (A) in the park
    (B) in her office
    (C) on the balcony
    (D) in the backyard

For questions 29 – 30, refer to the following passage.

Dogs are great pets to have. In America, people have more poodles than any other dog, with German Shepherds coming next. Nearly all dogs can bark. Dogs bark for many reasons, one being to protect the place where they live. However, there is one breed of dog, the Basenji, that does not bark. It is a unique little dog. It can make other noises but cannot bark. It is more like a cat. It washes itself with its tongue. Nowadays, they are pets, but long ago they were used to hunt.

29. Which dog is the most popular in America?

　　(A) the Poodle
　　(B) the Basenji
　　(C) the German Shepherd
　　(D) the Labrador Retriever

30. What is NOT true about Basenjis?

　　(A) They act like cats.
　　(B) They were used to hunt.
　　(C) They lick themselves clean.
　　(D) They can't make any noises.

Actual Test 5

Section I

Listening and Speaking

음원 QR 코드

Part **A** *Listen and Respond*
10 Questions

Part **B** *Listen and Retell*
15 Questions

Part **C** *Listen and Speak*
5 Questions

Directions: You will hear English sentences and answer choices (A), (B), (C), and (D). The sentences and the choices will be spoken TWICE. Listen carefully and choose the most suitable answer.

지시사항 1번부터 10번까지는 영어 문장을 듣고, 들은 말에 대한 가장 알맞은 대답을 고르는 문제입니다. 영어질문과 보기는 **두 번** 들려주며 (A), (B), (C), (D) 중에서 하나를 고르세요. Ⓐ

1. Mark your answer on your answer sheet.

2. Mark your answer on your answer sheet.

3. Mark your answer on your answer sheet.

4. Mark your answer on your answer sheet.

5. Mark your answer on your answer sheet.

6. Mark your answer on your answer sheet.

7. Mark your answer on your answer sheet.

8. Mark your answer on your answer sheet.

9. Mark your answer on your answer sheet.

10. Mark your answer on your answer sheet.

Directions: You will hear short talks or conversations. They will be spoken TWICE. Listen carefully, read each question and choose the best answer.

지시사항   11번부터 25번까지는 짧은 대화나 이야기를 **두 번** 듣고, 주어진 질문에 가장 알맞은 답을 고르는 문제입니다.

11. What will the girl do?

    (A) get water

    (B) nothing

    (C) help him

    (D) talk to him

12. What does the boy want for dinner?

    (A) salad

    (B) chicken and rice

    (C) beef

    (D) cooked vegetables

13. Where is Mommy?

    (A) at the theater

    (B) at the store

    (C) at work

    (D) at home

14. What does the boy need?

    (A) He needs food.

    (B) He needs to do homework.

    (C) He needs water.

    (D) He needs sleep.

15. Who will they ask for help?

    (A) their friend

    (B) their teacher

    (C) their mother

    (D) nobody

16. What does the girl like best?

    (A) the small one

    (B) the red one

    (C) the big one

    (D) the fur one

17. Who will teach the boy to swim?

    (A) the girl

    (B) the girl's father

    (C) the boy's father

    (D) the boy's mother

[18-19]

18. Who is the newest horse at the zoo?

    (A) Camilla

    (B) Rosy

    (C) Dennis

    (D) Carmel

19. How old is the newest horse?

    (A) 2 weeks old

    (B) 6 weeks old

    (C) 7 years old

    (D) 17 years old

[20-21]

20. Where is this announcement made?

    (A) in a theater

    (B) at a swimming pool

    (C) at a basketball court

    (D) in a school

21. What do some students need to remember?

    (A) to sing loud

    (B) to keep quiet

    (C) to finish class

    (D) to play well

[22-23]

22. Where did Mary go on vacation?

    (A) Canada

    (B) China

    (C) Africa

    (D) Thailand

23. Who went swimming?

    (A) Mary

    (B) John

    (C) Tracy

    (D) Tom

[24-25]

24. What do cheetahs eat?

    (A) deserts

    (B) gazelles

    (C) gorillas

    (D) monkeys

25. What does a cheetah look like?

    (A) a leopard

    (B) a lion

    (C) a giraffe

    (D) a gazelle

Directions: You will hear conversations in English. They will be spoken TWICE. After you listen to the conversations, read each question and choose the best response to what the last speaker says.

지시사항 26번부터 30번까지는 대화를 영어로 **두 번** 듣고, 대화의 마지막 질문이나 마지막 말 뒤에 이어질 가장 알맞은 응답을 주어진 질문에 맞게 고르는 문제입니다. 🎧C

26. What's next?

(A) Thanks.
(B) You are not right.
(C) No problem.
(D) It takes five minutes.

27. What's next?

(A) That sounds good.
(B) What do you want?
(C) It's on Monday.
(D) I hope so.

28. What's next?

(A) I am hungry.
(B) Okay, I will. Wait a moment.
(C) I'll have an iced tea.
(D) Thank you.

29. What's next?

    (A) Thank you.

    (B) That's great!

    (C) You can't miss it.

    (D) Don't mention it.

30. What's next?

    (A) I don't like the rain.

    (B) It was sunny yesterday.

    (C) I love the rain.

    (D) Yes, but I forgot my umbrella.

Section II

Reading and Writing

Part (A) *Sentence Completion*
5 Questions

Part (B) *Situational Writing*
5 Questions

Part (C) *Practical Reading and Retelling*
10 Questions

Part (D) *General Reading and Retelling*
10 Questions

Directions: You will see conversations with blanks. Read carefully and choose the one which best completes the blanks.

지시사항 1번에서 5번까지는 빈칸을 알맞게 채워 대화를 완성하는 문제입니다. 가장 알맞은 답을 고르세요.

1. A: Where was _____?
   B: He was at the gym.

   (A) he
   (B) his
   (C) him
   (D) he's

2. A: _____ tennis?
   B: Yes, I play tennis twice a week.

   (A) Do you play
   (B) Are you play
   (C) Did you played
   (D) Were you play

3. A: Do you know him?
   B: No, I don't. _____ he looks familiar.

   (A) Or
   (B) So
   (C) But
   (D) And

4. A: What does a designer do?
   B: He _____ clothes.

   (A) make
   (B) makes
   (C) maked
   (D) making

5. A: _____ hat do you like?
   B: I like the pink one.

   (A) When
   (B) Where
   (C) Why
   (D) Which

Directions: You will see pictures and incomplete sentences. Choose the one which best completes the sentences.

지시사항 6번부터 10번까지는 그림을 보고 문장을 완성하는 문제입니다. 가장 알맞은 답을 고르세요.

6.

She is _____.

    (A) lost in the desert

    (B) resting at the beach

    (C) swimming across the river

    (D) traveling to the countryside

7.

The boy is sitting on his grandfather's _____.

    (A) lap

    (B) arm

    (C) wrist

    (D) ankle

8.

Robert ordered _____ vegetable soup at the restaurant.

    (A) a cup of

    (B) a slice of

    (C) a bowl of

    (D) a glass of

9.

A mail carrier is _____ letters.

    (A) writing

    (B) tearing

    (C) receiving

    (D) delivering

10.

Swimming is _____ in this river.

    (A) afraid

    (B) not allowed

    (C) not marked

    (D) very finished

Directions: You will see practical reading materials. Each reading material is followed by questions about it. Choose the best answer to each question.

지시사항 11번부터 20번까지는 실용적 읽기자료에 관련된 문제입니다. 각 읽기자료 다음에는 질문이 제시됩니다. 각 질문에 해당하는 가장 알맞은 답을 고르세요.

For questions 11 – 12, refer to the following schedule.

Chess Tournament Schedule -- Round 1

Time	Game 1	Game 2
10:00 AM – 11:00 AM	Brian vs. Jill	Mark vs. Jeremy
11:00 AM – 12:00 PM	Jeremy vs. Trisha	Mark vs. Brian
1:00 PM – 2:00 PM	Jill vs. Trisha	Brian vs. Jeremy
2:00 PM – 3:00 PM	Mark vs. Trisha	Jill vs. Jeremy
3:00 PM – 4:00 PM	Mark vs. Jill	Brian vs. Trisha

11. When will Jill play against Jeremy?

    (A) 11:00 AM – 12:00 PM

    (B) 1:00 PM – 2:00 PM

    (C) 2:00 PM – 3:00 PM

    (D) 3:00 PM – 4:00 PM

12. Who will play with each other from 11:00 AM to 12:00 PM?

    (A) Mark and Trisha

    (B) Brian and Trisha

    (C) Jill and Jeremy

    (D) Mark and Brian

For questions 13 – 14, refer to the following information.

Rawlings Internet Cafe

*Computer Time: $1.00/hour

*Printing: $0.10/page (black and white), $0.25/page (color)

*Photocopying: $0.15/page (black and white), $0.30/page (color)

We also sell computer accessories. Get hard drives, ink cartridges, printer paper, computer mouse, and RAM chips at bargain prices.

13. How much does it cost to print a single color page?

    (A) $0.10

    (B) $0.15

    (C) $0.25

    (D) $0.30

14. What does the cafe NOT sell?

    (A) RAM chips

    (B) printer paper

    (C) computer mouse

    (D) computer keyboards

For questions 15 – 16, refer to the following information.

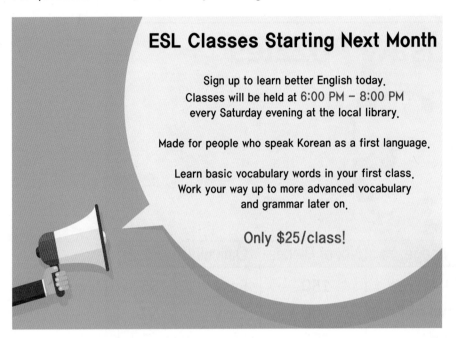

ESL Classes Starting Next Month

Sign up to learn better English today.
Classes will be held at 6:00 PM – 8:00 PM
every Saturday evening at the local library.

Made for people who speak Korean as a first language.

Learn basic vocabulary words in your first class.
Work your way up to more advanced vocabulary
and grammar later on.

Only $25/class!

15. Where will the classes take place?

    (A) at a store
    (B) at a theater
    (C) at a school
    (D) at a library

16. What will the first class teach students?

    (A) English words
    (B) English grammar
    (C) Korean words
    (D) Korean grammar

For questions 17 – 18, refer to the following information.

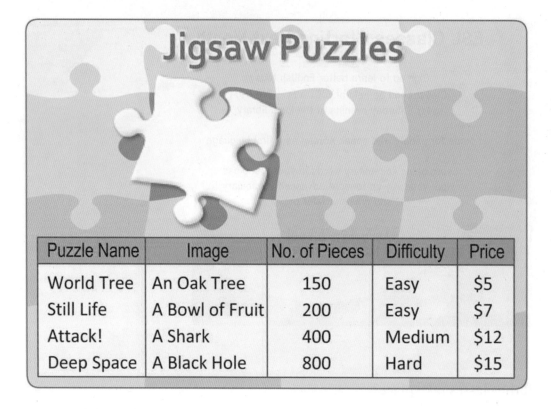

Puzzle Name	Image	No. of Pieces	Difficulty	Price
World Tree	An Oak Tree	150	Easy	$5
Still Life	A Bowl of Fruit	200	Easy	$7
Attack!	A Shark	400	Medium	$12
Deep Space	A Black Hole	800	Hard	$15

17. Which puzzle has exactly 200 pieces?

    (A) World Tree

    (B) Still Life

    (C) Attack!

    (D) Deep Space

18. What image can you see on the most difficult puzzle?

    (A) a shark

    (B) an oak tree

    (C) a black hole

    (D) a bowl of fruit

For questions 19 – 20, refer to the following information.

 Jill the Florist

Roses: $1.50 each, twelve [a dozen] for $15
Tulips: $2.00 each, twelve [a dozen] for $20
Daisies: $1.00/bunch, buy 6 and get one free.

Show how much you care with our floral bouquets.
Our flowers are the prettiest you'll find anywhere.

19. How much would twelve roses cost?

(A) $1.50

(B) $2.00

(C) $15.00

(D) $20.00

20. What type of flower does Jill NOT sell?

(A) roses

(B) tulips

(C) daisies

(D) violets

Directions: You will see various reading materials. Each reading material is followed by questions about it. Choose the best answer to each question.

지시사항 21번부터 30번까지는 다양한 읽기자료에 관련된 문제입니다. 각 읽기자료 다음에는 질문이 제시됩니다. 각 질문에 해당하는 가장 알맞은 답을 고르세요.

For questions 21 – 22, refer to the following passage.

I love to travel. The last place I visited was Washington D.C. It's the capital of America. It's where the President lives. He lives in a house called the White House. I got my photo taken in front of it. I also got to visit many great museums. The museums in D.C. are called Smithsonians. They are all free. My mom liked that we didn't have to spend any money. After we visited three museums in one day, I was very tired. My mother let me buy a hotdog from a cart on the street. It was delicious.

21. Where did the writer have a photo taken?

   (A) in front of the White House
   (B) inside the museum
   (C) on the street
   (D) at a friend's house

22. What didn't the writer visit in America?

   (A) the White House
   (B) Smithsonians
   (C) museums
   (D) theaters

For questions 23 - 24, refer to the following passage.

My dream house is going to be huge! I want it to have two levels. Upstairs there will be four bedrooms and two bathrooms. One of the bathrooms will be inside my bedroom. Downstairs there will be a kitchen, a living room, a dining room, an office, and another bathroom. My uncle is a carpenter, so he is going to help me build it. He has built many houses. The most important part of my dream house is where I build it. I want it to be next to the ocean. I lived by the ocean when I was younger and I really miss it. When I open my bedroom window at night, I want to hear the waves crashing on the beach. If the air is cool, I will have a fire in my fireplace. I can't wait to build my dream house!

23. What is his uncle's job?

    (A) a writer
    (B) a musician
    (C) a carpenter
    (D) a dentist

24. Where does he want his dream house to be?

    (A) by a lake
    (B) next to the ocean
    (C) by a pond
    (D) in the city

Lucas is an athlete. He loves to play all sports. His favorite sport is soccer, but he is the best at playing hockey. Lucas has played on many teams, so he has made lots of good friends that like to play sports, too. To stay healthy and in good shape, he likes to go for a run with friends every morning before school. After school, he goes to the gym and lifts weights. This helps his muscles become stronger. Exercise is an important part of being healthy, but so is eating well. This is why Lucas makes sure to eat lots of fruits and vegetables with breakfast, lunch, and dinner. Also, he makes sure to drink at least eight glasses of water a day.

25. What sport is Lucas best at?

(A) soccer
(B) hockey
(C) weight lifting
(D) running

26. What are two things that help make Lucas a healthy person?

(A) sleeping and eating pizza
(B) eating and watching TV
(C) exercising and not seeing friends
(D) eating well and exercising

For questions 27 – 28, refer to the following passage.

Last week, my class went on a field trip. We went to the town theater to watch a play written by William Shakespeare. When we got to the theater, we bought our tickets and found our seats. I had a really great seat in the front row. I loved watching the actors act. They were all so talented. The make-up and costumes were beautiful. Everyone in the audience stood up and clapped when the play ended. We clapped for two minutes! As I walked home after school, I started to think about the play again. I was thinking how wonderful it would be to be in a play. So, I have decided that I will try out for the play at my school. Auditions start next week!

27. How did the writer feel after watching the play?

   (A) nervous
   (B) worried
   (C) excited
   (D) tired

28. What will the writer do next week?

   (A) watch the play
   (B) try out for the school play
   (C) nothing
   (D) make a costume

For questions 29 – 30, refer to the following passage.

The New Seven Wonders of the World were announced in Lisbon, Portugal on Saturday, July 7, 2007. The New Seven Wonders are from countries all over the world. More than 100 million people voted through the Internet. People all over the world voted and chose these as the top seven. The Great Wall of China in China, Petra in Jordan, Chichén Itzá in Mexico, the Statue of Christ Redeemer in Brazil, the Colosseum in Italy, Machu Picchu in Peru and the Taj Mahal in India. The Pyramids of Giza in Egypt are both an Ancient Wonder of the World and on the New Wonders of the World list.

29. What country does not have one of the Seven Wonders?

(A) Mexico
(B) Jordan
(C) China
(D) Portugal

30. How did they make the new list?

(A) They had people vote for it.
(B) There was a group of famous people who decided it.
(C) They used a scoring system with judges.
(D) The United Nations decided it.

Appendix

A

a bit	조금
a bowl of	한 그릇의
a glass of	한 잔의
a lot	많이
a lot of	많은
a slice of	한 조각의
above	~ 위에
accessory	액세서리,부속품
accident	사고
according to	~에 따르면
across	맞은 편에
administration	행정
adult	어른
advanced	숙련된, 진보한
afraid	두려워하는
after school	방과후에
ahead	앞서, 미리
AIDS	에이즈
alike	닮은
all over the world	온 세계에
allow	허락하다
almost	거의
Amazon	아마존
amusement park	놀이공원
ancient	고대의

animal	동물
animal trainer	동물 사육사
announce	발표하다
annual	매년의, 연례의
any	몇몇의, 어떠한 것도 (보통 부정문, 의문문에서 쓰임)
anywhere	어디든지
apartment	아파트
Arbor day	식목일
as	~로, ~로써
as usual	평소대로
ask	묻다, 요청하다
ask for help	도움을 요청하다
aspirin	아스피린
astronaut	우주 비행사
at least	최소한
at the same time	동시에(함께)
athlete	운동선수
attract	주의를 끌다, 유혹하다
audience	청중
average	평균

B

bandage	반창고
banner	배너
bargain	저렴한 물건
bathroom	욕실, 목욕탕
be afraid of	~를 두려워하다

be going to~	~할 예정이다	bright	밝은
be good at~	~를 잘하다	bring	가져오다
be in good shape	정돈되어 있다	broom	빗자루
be interested in	~에 흥미가 있다	brush one's teeth	양치하다
beach	해변	build	짓다
bean	콩	bull	다 큰 동물의 수컷
because of	~때문에	burn(과거형 burnt)	태우다
become	~가 되다, ~(해)지다	bus stop	버스 정류장
beef	소고기	business trip	출장
before	전에, 앞에	by	~옆에

C

belong to~	~에게 속해있다, ~의 소유물이다	cacao	카카오
below	~ 아래에	calm	차분한
better	더 나은	cancel	취소하다
better than	(질·정도·수준 등이) 낫다	can't wait to	~고 싶다, ~가 기대된다
between A and B	A와 B 사이에	capital	수도
bike	자전거	carpenter	목수
blue whale	대왕 고래	cartoon	만화
board	탑승하다	castle	성
bone	뼈	catch	잡다
boring	지루한	celebrate	축하하다, 기념하다
borrow	빌리다	cereal	시리얼
bouquet	부케	certain	특정한
bowl	그릇	cheap	싼
break (과거분사형 broken)	깨다, 고장나다	cheapest	가장 싼, 가장 저렴한
		Cheddar	체다 치즈

cheer	응원하다	country music	컨츄리 음악 (음악의 한 종류)
cheetah	치타	countryside	시골
chef	요리사	cousin	사촌
China	중국	cow	소
choir	합창단	crash	부서지다
chore	(정기적으로 하는, 하기 싫은 따분한) 일	create	창조하다
cicada	매미	cross	십자가
clap	박수를 치다	crowded	사람이 많은
classical	고전적인; (음악이) 클래식의; 고어의	cut	자르다
		cut grass	잔디를 자르다
climb	오르다, 등반하다	**D**	
close	닫다	danger	위험
cloth	천, 직물	dangerous	위험한
clove	정향 (향신료로 쓰임)	Danish	덴마크어
clumsy	어설픈	deal	거래
college	대학	deceive	속이다
color	색깔	decide	결심하다
come from	~ 출신이다	delicious	맛있는
come out	밖으로 나오다	dentist	치과 의사
contain	포함하다	depressed	우울한
corpse	시체	desert	사막
cost	값이 나가다, 비용이 들다	diamond	다이아몬드
costume	의상	difference	차이점
cotton	면	different	다른
country	시골	dinosaur	공룡
		discount	할인

discover	발견하다
dish	접시, 요리
distance	거리
dive	잠수하다
do homework	숙제를 하다
do laundry	세탁을 하다
downstairs	아래층
dozen	열두 개의

E

each	각각
early	일찍
Earth	지구
easy	쉬운
egg	계란
elementary school	초등학교
empty	비어 있는, 빈
enjoy	즐기다
enter	들어가다
environment	환경
equator	(지구의) 적도
especially	특별히
event	사건
excellent	우수한
exercise	운동하다
exit	탈출하다
expensive	비싼

explorer	탐험가
eye	눈

F

face	직면하다
familiar	익숙한, 낯이 익은
family	가족
famous	유명한
far away	멀리 떨어진
fare	요금
fat	뚱뚱한, 살찐
favorite	마음에 드는, 아주 좋아하는
feed	먹이를 주다
feel well	몸이 건강하다
feet	길이의 단위
female	암컷
fence	울타리
fertilizer	비료
field trip	현장 학습
find	찾다
find oneself	(깨닫고 보니) …에 있다, 자신의 재능을 자각하다
finish	끝마치다
fire drill	소방 대피 훈련
fireplace	화로, 난로
first language	모국어
fix	고치다

flavor	맛, 향	go for a walk	산책하러 가다
floor	바닥	good for	~에 좋다
floral	꽃의	graduate	졸업하다
food	음식	grass	잔디, 풀
fool's day	만우절	grow up	자라다
forget	잊다	**H**	
forget to	~하는 것을 잊다	had better ~	~하는 것이 좋겠다
freedom	자유	half an hour	반 시간
freezer	냉동실	hammer	망치
friendly	친근한	handkerchief	손수건
friendship	우정	hard	딱딱한, 어려운
front	앞면, 앞쪽의, 앞면이 ~를 향하다	hate	싫어하다, 증오하다
fun	즐거운, 재미있는	have fun	재미있게 놀다
G		have to	~해야 한다
garage	차고	headache	두통
garbage	쓰레기, 형편 없는	heard	들었다 (hear의 과거형)
garden	정원	heart disease	심장병
garlic	마늘	hide	숨다
gazelle	영양	hiking	하이킹, 도보 여행
geography	지리학	hobby	취미
get	획득하다	holiday	공휴일
get dressed	옷을 입다	home	가정
get home	귀가하다	homework	숙제
giant	거인	hope	바라다, 희망
glass	유리	horror	공포
glasses	안경	how often	얼마나 자주

huge	큰
hungry	배고픈
hunt	사냥하다

I

if I were you	내가 만일 당신이라면
illness	질병
important	중요한
independence	독립
information	정보
initial	처음의
insect	벌레, 곤충
inside	~안에
interesting	흥미로운, 재미있는
invent	발명하다
invite	초대하다
iron	철
island	섬
Italy	이탈리아

J

jazz	재즈
job	직업
journalist	기자
journey	여행
July	7월
June	6월
Jupiter	목성

K

keep ~ away	~을 멀리하다
kingdom	왕국
kitchen	부엌, 주방
knock	문을 두드리다, 노크하다
knock down	쓰러뜨리다
know	알다

L

ladle	국자
lake	호수
lap	무릎
large	큰
last	마지막에
last night	어젯밤
late	늦은
Latin	라틴계의, 라틴의
laundry	세탁물
laundry room	세탁실
learn	배우다
leather	가죽
leave	떠나다
lend	빌려주다
leopard	표범
lesson	수업
Let's ~	~하자
Let someone do	~에게 ~을 하게하다

lettuce	양상추	mask	마스크
liberty	자유	match	맞추다
library	도서관	mate	짝
lie	(사람, 동물이) 누워 있다, (사물이) 놓여 있다, 거짓말하다	May	5월
		maybe	어쩌면, 아마
light bulb	전구	meeting	회의
lighthouse	등대	Mercury	수성
living room	거실	messy	지저분한
loaf	한 덩어리	middle	중간의
local	지역의, 지방의	mine	나의 것
look at	~을 보다, 살피다	minister	목사
look for	찾다	miss	그리워하다
lots of	많은	mix	섞다
loud	소리가 큰	more than	~보다 많이
loudly	크게	morning	아침
		move	이사하다
M		muscle	근육
mad	화난	museum	박물관
make sure to	~하는 것을 확실히 하다	music	음악
male	수컷	mystery	미스터리
marathon	마라톤	**N**	
mark	표시하다	nature	자연
marry	결혼하다	nearest	가장 가까운
Mars	화성	neat	깔끔한
martial art	무예	need	필요하다
mash	삶아서 으깨다	need to	~해야만 한다

neighbor	이웃	pear	배
nephew	조카	penguin	펭귄
Neptune	해왕성	pepper	후추
new	새로운	period	기간
New Zealand	뉴질랜드	permission	허락
next	옆에	physical	육체적인
night	밤	pick up	마중을 나가다
noise	소음	piece	조각
noisy	시끄러운	place	장소
noodle	국수	plan for~	~를 위한 계획
normal	보통의	plant	심다
nothing	아무것도 아니다	plate	접시, 음식
nowhere	아무 데도	play	연극
O		please	제발, 부디
often	자주	Pluto	명왕성
older than	~보다 나이가 많다	poisonous	독성이 있는
once	일단 …하면	polite	친절한, 예의 바른
on the computer	컴퓨터로	popular	인기 있는
on the corner	모퉁이에	population	인구
open	열다	pork	돼지고기
order	주문	post office	우체국
original	원본의, 원래의	potato	감자
own	소유하다	practice	연습하다
P		prefer	선호하다
palace	궁전	prefer A to B	B보다 A를 선호하다
park	공원	presentation	발표

president	대통령
pretty	꽤
print run	인쇄 부수
pup	새끼

Q

quarter	4분의 1 (시간에서는 15분)
quarter to	~시 15분 전

R

rake	갈퀴
rap	랩
raspberry	라즈베리
reading	독서
receive	받다
recipe	요리책, 요리법
recover	회복하다
register	등록하다
report	보고서
researcher	연구원
revolution	혁명
rich	부자, 부유한
ring	띠
river	강
roll call	출석확인, 점호
romance	연애
run	달리다, 뛰다
run away	도망가다

S

salt	소금
salty	짠
Saturn	토성
savings	저축한 돈
school	학교
scientific	과학적인
scientist	과학자
scream	소리를 지르다
scuba diving	스쿠버 다이빙
sea lion	바다사자
seafood	해산물
seal	물개
section	부문
selfish	이기적인
sell	팔다
send	보내다
service	서비스
shade	그늘
shoes	신발
shopping	쇼핑
should	해야만 한다
shovel	삽
sick	아픈
sidewalk	인도
sign	서명하다; 표지판, 조짐

single	홀로, 혼자	state	주
skin	피부, 껍질	station	역
sleep well	잘 자다	statue	동상
sleepy	졸린	stay in	~안에 머무르다
smart	똑똑한	stick	막대기
smell	냄새를 맡다, 냄새가 나다	still	여전히
so	그래서	store window	(가게) 진열장 유리, 상품 진열창
so~ that…	너무 ~해서 … 하다	storm	폭풍
soap	비누	strap	끈
soccer	축구	strawberry	딸기
soft	부드러운	street	길
sometimes	때때로	string	실
south	남쪽	study	공부하다
souvenir	기념품	style	스타일
soy sauce	간장	subject	과목
spatula	(납작한) 주걱	subway	지하철
speed	속도	successful	성공적인
spend	(시간, 돈을) 쓰다	supermarket	슈퍼마켓
spicy	매운, 양념 맛이 강한	support	응원하다, 지지하다
spider	거미	sugarcane	사탕수수
sports	스포츠	sweep	쓸다
spot	점박이	swim	수영하다
spread	퍼지다	**T**	
stadium	경기장	take	시간이 걸리다
stand up	일어서다	take a nap	낮잠을 자다
start	시작하다	take a rest	휴식을 취하다

take a trip	여행을 하다	toothache	치통
take a vacation	휴가를 가다	toy soldier	장난감 병정
take a photo	사진을 찍다	traffic	교통량
talented	재능이 있는	train	기차
talk about	~에 대해 이야기하다	training	훈련
tall	키가 큰	trapeze	공중그네
taste	맛을 보다	travel	여행하다
teach	가르치다	treat	처리하다
teeth	이	treatment	처우, 대우
terrible	끔찍한	trip	여행
test	시험보다, 시험	try out	~을 테스트해보다
Thanksgiving	추수감사절	tuna	참치
The White House	백악관	turn in	제출하다
That sounds good	좋은 의견이에요.	U	
theater	영화관, 극장	umbrella	우산
thirsty	목이 마른, 갈증이 나는	uncle	삼촌
thought	생각, 생각했다(think의 과거)	unfair	불공정한
three times a week	일주일에 세 번	university	대학
through	~를 통해	upstairs	위층
throw into	~로 던지다	Uranus	천왕성
ticket	승차권, 티켓, 표	used to V	~하곤 했다
tired	피곤한	usually	보통
tonight	오늘 밤에	V	
too	너무	vacation	방학
too much	너무 많은	vegetables	야채, 채소
too~ to…	너무 ~해서 … 할 수 없다, … 하기엔 너무 ~한	vegetable soup	야채 스프

veggie	야채
Venus	금성
vest	조끼
violet	제비꽃, 보라색
visit	방문하다
voice	목소리

wait for ~ to ⋯	~가 ⋯하기를 기다리다
wake up	일어나다
walk home	집에 걸어가다
wallet	지갑
want	원하다
war	전쟁
wash the dishes	설거지하다
wash hands	손을 씻다
washing machine	세탁기
watch	지켜보다, 보다
wave	파도
wear	입다
weather	날씨
weather report	일기예보
week	주, 일주일
weekend	주말
weigh	무게가 나가다
well done	잘 익힌
what if	~하면 어떨까?

what time is it?	지금 몇 시야?
whisk	거품기
why don't you	~하는 것은 어떻니?
why not?	왜 아니겠어?
win the prize	상을 타다
wipe	닦다
with	~와 함께
wonderful	경이로운, 아름다운, 놀라운, 훌륭한
work at	⋯에 몰두하다
write	(글자를) 쓰다

yard	마당
yet	아직
you too	너도

Z

zoo	동물원

국제영어능력인증시험 (TOSEL)

JUNIOR

국제토셀위원회

한글이름

감독확인

수험번호

| | 0 | 1 | 2 | 3 | 4 | 5 | 6 | 7 | 8 | 9 |

(1)

(2)

SECTION I

문항	A	B	C	D
1	A	B	C	D
2	A	B	C	D
3	A	B	C	D
4	A	B	C	D
5	A	B	C	D
6	A	B	C	D
7	A	B	C	D
8	A	B	C	D
9	A	B	C	D
10	A	B	C	D
11	A	B	C	D
12	A	B	C	D
13	A	B	C	D
14	A	B	C	D
15	A	B	C	D

문항	A	B	C	D
16	A	B	C	D
17	A	B	C	D
18	A	B	C	D
19	A	B	C	D
20	A	B	C	D
21	A	B	C	D
22	A	B	C	D
23	A	B	C	D
24	A	B	C	D
25	A	B	C	D
26	A	B	C	D
27	A	B	C	D
28	A	B	C	D
29	A	B	C	D
30	A	B	C	D

SECTION II

문항	A	B	C	D
1	A	B	C	D
2	A	B	C	D
3	A	B	C	D
4	A	B	C	D
5	A	B	C	D
6	A	B	C	D
7	A	B	C	D
8	A	B	C	D
9	A	B	C	D
10	A	B	C	D
11	A	B	C	D
12	A	B	C	D
13	A	B	C	D
14	A	B	C	D
15	A	B	C	D

문항	A	B	C	D
16	A	B	C	D
17	A	B	C	D
18	A	B	C	D
19	A	B	C	D
20	A	B	C	D
21	A	B	C	D
22	A	B	C	D
23	A	(3)	C	D
24	A	B	C	D
25	A	B	C	D
26	A	(3)	C	D
27	A	B	C	D
28	A	B	C	D
29	A	B	C	D
30	A	B	C	D

주의사항

1. 수험번호 및 답안은 검은색 사인펜을 사용해서 <보기>와 같이 표기합니다.
   <보기> 바른표기 : ● 틀린표기 : ⊙ ⊗ ⊙ ◑
2. 수험번호(1)에는 아라비아 숫자로 쓰고, (2)에는 해당란에 표기합니다.
3. 답안 수정은 수정테이프로 흔적을 깨끗이 지웁니다.
4. 수험번호 및 답안 작성란 이외의 여백에 낙서를 하지 마시기 바랍니다. 이로 인한 불이익은 본인 책임입니다.
5. 마킹오류로 채점 불가능한 답안은 0점 처리되오니, 이점 유의하시기 바랍니다.

국제영어능력인증시험 (TOSEL)

JUNIOR

한글이름

감독확인

SECTION I

문항	A	B	C	D
1	Ⓐ	Ⓑ	Ⓒ	Ⓓ
2	Ⓐ	Ⓑ	Ⓒ	Ⓓ
3	Ⓐ	Ⓑ	Ⓒ	Ⓓ
4	Ⓐ	Ⓑ	Ⓒ	Ⓓ
5	Ⓐ	Ⓑ	Ⓒ	Ⓓ
6	Ⓐ	Ⓑ	Ⓒ	Ⓓ
7	Ⓐ	Ⓑ	Ⓒ	Ⓓ
8	Ⓐ	Ⓑ	Ⓒ	Ⓓ
9	Ⓐ	Ⓑ	Ⓒ	Ⓓ
10	Ⓐ	Ⓑ	Ⓒ	Ⓓ
11	Ⓐ	Ⓑ	Ⓒ	Ⓓ
12	Ⓐ	Ⓑ	Ⓒ	Ⓓ
13	Ⓐ	Ⓑ	Ⓒ	Ⓓ
14	Ⓐ	Ⓑ	Ⓒ	Ⓓ
15	Ⓐ	Ⓑ	Ⓒ	Ⓓ
16	Ⓐ	Ⓑ	Ⓒ	Ⓓ
17	Ⓐ	Ⓑ	Ⓒ	Ⓓ
18	Ⓐ	Ⓑ	Ⓒ	Ⓓ
19	Ⓐ	Ⓑ	Ⓒ	Ⓓ
20	Ⓐ	Ⓑ	Ⓒ	Ⓓ
21	Ⓐ	Ⓑ	Ⓒ	Ⓓ
22	Ⓐ	Ⓑ	Ⓒ	Ⓓ
23	Ⓐ	Ⓑ	Ⓒ	Ⓓ
24	Ⓐ	Ⓑ	Ⓒ	Ⓓ
25	Ⓐ	Ⓑ	Ⓒ	Ⓓ
26	Ⓐ	Ⓑ	Ⓒ	Ⓓ
27	Ⓐ	Ⓑ	Ⓒ	Ⓓ
28	Ⓐ	Ⓑ	Ⓒ	Ⓓ
29	Ⓐ	Ⓑ	Ⓒ	Ⓓ
30	Ⓐ	Ⓑ	Ⓒ	Ⓓ

SECTION II

문항	A	B	C	D
1	Ⓐ	Ⓑ	Ⓒ	Ⓓ
2	Ⓐ	Ⓑ	Ⓒ	Ⓓ
3	Ⓐ	Ⓑ	Ⓒ	Ⓓ
4	Ⓐ	Ⓑ	Ⓒ	Ⓓ
5	Ⓐ	Ⓑ	Ⓒ	Ⓓ
6	Ⓐ	Ⓑ	Ⓒ	Ⓓ
7	Ⓐ	Ⓑ	Ⓒ	Ⓓ
8	Ⓐ	Ⓑ	Ⓒ	Ⓓ
9	Ⓐ	Ⓑ	Ⓒ	Ⓓ
10	Ⓐ	Ⓑ	Ⓒ	Ⓓ
11	Ⓐ	Ⓑ	Ⓒ	Ⓓ
12	Ⓐ	Ⓑ	Ⓒ	Ⓓ
13	Ⓐ	Ⓑ	Ⓒ	Ⓓ
14	Ⓐ	Ⓑ	Ⓒ	Ⓓ
15	Ⓐ	Ⓑ	Ⓒ	Ⓓ
16	Ⓐ	Ⓑ	Ⓒ	Ⓓ
17	Ⓐ	Ⓑ	Ⓒ	Ⓓ
18	Ⓐ	Ⓑ	Ⓒ	Ⓓ
19	Ⓐ	Ⓑ	Ⓒ	Ⓓ
20	Ⓐ	Ⓑ	Ⓒ	Ⓓ
21	Ⓐ	Ⓑ	Ⓒ	Ⓓ
22	Ⓐ	Ⓑ	Ⓒ	Ⓓ
23	Ⓐ	Ⓑ	Ⓒ	Ⓓ
24	Ⓐ	Ⓑ	Ⓒ	Ⓓ
25	Ⓐ	Ⓑ	Ⓒ	Ⓓ
26	Ⓐ	Ⓑ	Ⓒ	Ⓓ
27	Ⓐ	Ⓑ	Ⓒ	Ⓓ
28	Ⓐ	Ⓑ	Ⓒ	Ⓓ
29	Ⓐ	Ⓑ	Ⓒ	Ⓓ
30	Ⓐ	Ⓑ	Ⓒ	Ⓓ

수 험 번 호

(1)

(2)

숫자칸: 0 1 2 3 4 5 6 7 8 9

주의사항

1. 수험번호 및 답안은 검은색 사인펜을 사용해서 <보기>와 같이 표기합니다.
   <보기> 바른표기 : ● 틀린표기 : ⊙ ⊗ ◑ ◉

2. 수험번호(1)에는 아라비아 숫자로 쓰고, (2)에는 해당란에 ● 표기합니다.

3. 답안 수정은 수정 테이프로 흔적을 깨끗이 지웁니다.

4. 수험번호 및 답안 작성란 이외의 여백에 낙서를 하지 마시기 바랍니다. 이로 인한 불이익은 수험자 본인 책임입니다.

5. 마킹오류로 채점 불가능한 답안은 0점 처리되오니, 이점 유의하시기 바랍니다.

국제영어능력인증시험 (TOSEL)

* 연습을 위한 OMR 카드 샘플입니다.

국제토셀위원회

JUNIOR

한글이름

감독확인

SECTION I

문항	A	B	C	D	문항	A	B	C	D
1	Ⓐ	Ⓑ	Ⓒ	Ⓓ	16	Ⓐ	Ⓑ	Ⓒ	Ⓓ
2	Ⓐ	Ⓑ	Ⓒ	Ⓓ	17	Ⓐ	Ⓑ	Ⓒ	Ⓓ
3	Ⓐ	Ⓑ	Ⓒ	Ⓓ	18	Ⓐ	Ⓑ	Ⓒ	Ⓓ
4	Ⓐ	Ⓑ	Ⓒ	Ⓓ	19	Ⓐ	Ⓑ	Ⓒ	Ⓓ
5	Ⓐ	Ⓑ	Ⓒ	Ⓓ	20	Ⓐ	Ⓑ	Ⓒ	Ⓓ
6	Ⓐ	Ⓑ	Ⓒ	Ⓓ	21	Ⓐ	Ⓑ	Ⓒ	Ⓓ
7	Ⓐ	Ⓑ	Ⓒ	Ⓓ	22	Ⓐ	Ⓑ	Ⓒ	Ⓓ
8	Ⓐ	Ⓑ	Ⓒ	Ⓓ	23	Ⓐ	Ⓑ	Ⓒ	Ⓓ
9	Ⓐ	Ⓑ	Ⓒ	Ⓓ	24	Ⓐ	Ⓑ	Ⓒ	Ⓓ
10	Ⓐ	Ⓑ	Ⓒ	Ⓓ	25	Ⓐ	Ⓑ	Ⓒ	Ⓓ
11	Ⓐ	Ⓑ	Ⓒ	Ⓓ	26	Ⓐ	Ⓑ	Ⓒ	Ⓓ
12	Ⓐ	Ⓑ	Ⓒ	Ⓓ	27	Ⓐ	Ⓑ	Ⓒ	Ⓓ
13	Ⓐ	Ⓑ	Ⓒ	Ⓓ	28	Ⓐ	Ⓑ	Ⓒ	Ⓓ
14	Ⓐ	Ⓑ	Ⓒ	Ⓓ	29	Ⓐ	Ⓑ	Ⓒ	Ⓓ
15	Ⓐ	Ⓑ	Ⓒ	Ⓓ	30	Ⓐ	Ⓑ	Ⓒ	Ⓓ

SECTION II

문항	A	B	C	D	문항	A	B	C	D
1	Ⓐ	Ⓑ	Ⓒ	Ⓓ	16	Ⓐ	Ⓑ	Ⓒ	Ⓓ
2	Ⓐ	Ⓑ	Ⓒ	Ⓓ	17	Ⓐ	Ⓑ	Ⓒ	Ⓓ
3	Ⓐ	Ⓑ	Ⓒ	Ⓓ	18	Ⓐ	Ⓑ	Ⓒ	Ⓓ
4	Ⓐ	Ⓑ	Ⓒ	Ⓓ	19	Ⓐ	Ⓑ	Ⓒ	Ⓓ
5	Ⓐ	Ⓑ	Ⓒ	Ⓓ	20	Ⓐ	Ⓑ	Ⓒ	Ⓓ
6	Ⓐ	Ⓑ	Ⓒ	Ⓓ	21	Ⓐ	Ⓑ	Ⓒ	Ⓓ
7	Ⓐ	Ⓑ	Ⓒ	Ⓓ	22	Ⓐ	Ⓑ	Ⓒ	Ⓓ
8	Ⓐ	Ⓑ	Ⓒ	Ⓓ	23	Ⓐ	Ⓑ	Ⓒ	Ⓓ
9	Ⓐ	Ⓑ	Ⓒ	Ⓓ	24	Ⓐ	Ⓑ	Ⓒ	Ⓓ
10	Ⓐ	Ⓑ	Ⓒ	Ⓓ	25	Ⓐ	Ⓑ	Ⓒ	Ⓓ
11	Ⓐ	Ⓑ	Ⓒ	Ⓓ	26	Ⓐ	Ⓑ	Ⓒ	Ⓓ
12	Ⓐ	Ⓑ	Ⓒ	Ⓓ	27	Ⓐ	Ⓑ	Ⓒ	Ⓓ
13	Ⓐ	Ⓑ	Ⓒ	Ⓓ	28	Ⓐ	Ⓑ	Ⓒ	Ⓓ
14	Ⓐ	Ⓑ	Ⓒ	Ⓓ	29	Ⓐ	Ⓑ	Ⓒ	Ⓓ
15	Ⓐ	Ⓑ	Ⓒ	Ⓓ	30	Ⓐ	Ⓑ	Ⓒ	Ⓓ

수 험 번 호

(1)

(2)

주의사항

1. 수험번호 및 답안은 검은색 사인펜을 사용해서 〈보기〉와 같이 표기합니다.
   〈보기〉 바른표기 : ● 틀린표기 : ⊙ ⊗ ◐ ○

2. 수험번호(1)에는 아라비아 숫자로 쓰고, (2)에는 해당란에 ● 표기합니다.

3. 답안 수정은 수정 테이프로 흔적을 깨끗이 지웁니다.

4. 수험번호 및 답안 작성란 이외의 여백에 낙서를 하지 마시기 바랍니다. 이로 인한 불이익은 수험자 본인 책임입니다.

5. 마킹 오류로 채점 불가능한 답안은 0점 처리되오니, 이점 유의하시기 바랍니다.

국제영어능력인증시험 (TOSEL)

국제토셀위원회

JUNIOR

한글이름

감독확인

수 험 번 호

(1)

(2)

SECTION I

문항	A B C D	문항	A B C D
1	Ⓐ Ⓑ Ⓒ Ⓓ	16	Ⓐ Ⓑ Ⓒ Ⓓ
2	Ⓐ Ⓑ Ⓒ Ⓓ	17	Ⓐ Ⓑ Ⓒ Ⓓ
3	Ⓐ Ⓑ Ⓒ Ⓓ	18	Ⓐ Ⓑ Ⓒ Ⓓ
4	Ⓐ Ⓑ Ⓒ Ⓓ	19	Ⓐ Ⓑ Ⓒ Ⓓ
5	Ⓐ Ⓑ Ⓒ Ⓓ	20	Ⓐ Ⓑ Ⓒ Ⓓ
6	Ⓐ Ⓑ Ⓒ Ⓓ	21	Ⓐ Ⓑ Ⓒ Ⓓ
7	Ⓐ Ⓑ Ⓒ Ⓓ	22	Ⓐ Ⓑ Ⓒ Ⓓ
8	Ⓐ Ⓑ Ⓒ Ⓓ	23	Ⓐ Ⓑ Ⓒ Ⓓ
9	Ⓐ Ⓑ Ⓒ Ⓓ	24	Ⓐ Ⓑ Ⓒ Ⓓ
10	Ⓐ Ⓑ Ⓒ Ⓓ	25	Ⓐ Ⓑ Ⓒ Ⓓ
11	Ⓐ Ⓑ Ⓒ Ⓓ	26	Ⓐ Ⓑ Ⓒ Ⓓ
12	Ⓐ Ⓑ Ⓒ Ⓓ	27	Ⓐ Ⓑ Ⓒ Ⓓ
13	Ⓐ Ⓑ Ⓒ Ⓓ	28	Ⓐ Ⓑ Ⓒ Ⓓ
14	Ⓐ Ⓑ Ⓒ Ⓓ	29	Ⓐ Ⓑ Ⓒ Ⓓ
15	Ⓐ Ⓑ Ⓒ Ⓓ	30	Ⓐ Ⓑ Ⓒ Ⓓ

SECTION II

문항	A B C D	문항	A B C D
1	Ⓐ Ⓑ Ⓒ Ⓓ	16	Ⓐ Ⓑ Ⓒ Ⓓ
2	Ⓐ Ⓑ Ⓒ Ⓓ	17	Ⓐ Ⓑ Ⓒ Ⓓ
3	Ⓐ Ⓑ Ⓒ Ⓓ	18	Ⓐ Ⓑ Ⓒ Ⓓ
4	Ⓐ Ⓑ Ⓒ Ⓓ	19	Ⓐ Ⓑ Ⓒ Ⓓ
5	Ⓐ Ⓑ Ⓒ Ⓓ	20	Ⓐ Ⓑ Ⓒ Ⓓ
6	Ⓐ Ⓑ Ⓒ Ⓓ	21	Ⓐ Ⓑ Ⓒ Ⓓ
7	Ⓐ Ⓑ Ⓒ Ⓓ	22	Ⓐ Ⓑ Ⓒ Ⓓ
8	Ⓐ Ⓑ Ⓒ Ⓓ	23	Ⓐ Ⓑ Ⓒ Ⓓ
9	Ⓐ Ⓑ Ⓒ Ⓓ	24	Ⓐ Ⓑ Ⓒ Ⓓ
10	Ⓐ Ⓑ Ⓒ Ⓓ	25	Ⓐ Ⓑ Ⓒ Ⓓ
11	Ⓐ Ⓑ Ⓒ Ⓓ	26	Ⓐ Ⓑ Ⓒ Ⓓ
12	Ⓐ Ⓑ Ⓒ Ⓓ	27	Ⓐ Ⓑ Ⓒ Ⓓ
13	Ⓐ Ⓑ Ⓒ Ⓓ	28	Ⓐ Ⓑ Ⓒ Ⓓ
14	Ⓐ Ⓑ Ⓒ Ⓓ	29	Ⓐ Ⓑ Ⓒ Ⓓ
15	Ⓐ Ⓑ Ⓒ Ⓓ	30	Ⓐ Ⓑ Ⓒ Ⓓ

주의사항

1. 수험번호 및 답안은 검은색 사인펜을 사용해서 〈보기〉와 같이 표기합니다.
   〈보기〉 바른표기 : ● 틀린표기 : ⊘ ⊗ ⊙ ◐
2. 수험번호 (1)에는 아라비아 숫자로 쓰고, (2)에는 해당란에 ● 표기합니다.
3. 답안 수정은 수정 테이프로 흔적을 깨끗이 지웁니다.
4. 수험번호 및 답안 작성란 이외의 여백에 낙서를 하지 마시기 바랍니다. 이로 인한 불이익은 수험자 본인 책임입니다.
5. 마킹오류로 채점 불가능한 답안은 0점 처리되오니, 이점 유의하시기 바랍니다.

국제영어능력인증시험 (TOSEL)

* 연습을 위한 OMR 카드 샘플입니다.

JUNIOR

한글이름

감독확인

SECTION I

문항	A	B	C	D
1	Ⓐ	Ⓑ	Ⓒ	Ⓓ
2	Ⓐ	Ⓑ	Ⓒ	Ⓓ
3	Ⓐ	Ⓑ	Ⓒ	Ⓓ
4	Ⓐ	Ⓑ	Ⓒ	Ⓓ
5	Ⓐ	Ⓑ	Ⓒ	Ⓓ
6	Ⓐ	Ⓑ	Ⓒ	Ⓓ
7	Ⓐ	Ⓑ	Ⓒ	Ⓓ
8	Ⓐ	Ⓑ	Ⓒ	Ⓓ
9	Ⓐ	Ⓑ	Ⓒ	Ⓓ
10	Ⓐ	Ⓑ	Ⓒ	Ⓓ
11	Ⓐ	Ⓑ	Ⓒ	Ⓓ
12	Ⓐ	Ⓑ	Ⓒ	Ⓓ
13	Ⓐ	Ⓑ	Ⓒ	Ⓓ
14	Ⓐ	Ⓑ	Ⓒ	Ⓓ
15	Ⓐ	Ⓑ	Ⓒ	Ⓓ
16	Ⓐ	Ⓑ	Ⓒ	Ⓓ
17	Ⓐ	Ⓑ	Ⓒ	Ⓓ
18	Ⓐ	Ⓑ	Ⓒ	Ⓓ
19	Ⓐ	Ⓑ	Ⓒ	Ⓓ
20	Ⓐ	Ⓑ	Ⓒ	Ⓓ
21	Ⓐ	Ⓑ	Ⓒ	Ⓓ
22	Ⓐ	Ⓑ	Ⓒ	Ⓓ
23	Ⓐ	Ⓑ	Ⓒ	Ⓓ
24	Ⓐ	Ⓑ	Ⓒ	Ⓓ
25	Ⓐ	Ⓑ	Ⓒ	Ⓓ
26	Ⓐ	Ⓑ	Ⓒ	Ⓓ
27	Ⓐ	Ⓑ	Ⓒ	Ⓓ
28	Ⓐ	Ⓑ	Ⓒ	Ⓓ
29	Ⓐ	Ⓑ	Ⓒ	Ⓓ
30	Ⓐ	Ⓑ	Ⓒ	Ⓓ

SECTION II

문항	A	B	C	D
1	Ⓐ	Ⓑ	Ⓒ	Ⓓ
2	Ⓐ	Ⓑ	Ⓒ	Ⓓ
3	Ⓐ	Ⓑ	Ⓒ	Ⓓ
4	Ⓐ	Ⓑ	Ⓒ	Ⓓ
5	Ⓐ	Ⓑ	Ⓒ	Ⓓ
6	Ⓐ	Ⓑ	Ⓒ	Ⓓ
7	Ⓐ	Ⓑ	Ⓒ	Ⓓ
8	Ⓐ	Ⓑ	Ⓒ	Ⓓ
9	Ⓐ	Ⓑ	Ⓒ	Ⓓ
10	Ⓐ	Ⓑ	Ⓒ	Ⓓ
11	Ⓐ	Ⓑ	Ⓒ	Ⓓ
12	Ⓐ	Ⓑ	Ⓒ	Ⓓ
13	Ⓐ	Ⓑ	Ⓒ	Ⓓ
14	Ⓐ	Ⓑ	Ⓒ	Ⓓ
15	Ⓐ	Ⓑ	Ⓒ	Ⓓ
16	Ⓐ	Ⓑ	Ⓒ	Ⓓ
17	Ⓐ	Ⓑ	Ⓒ	Ⓓ
18	Ⓐ	Ⓑ	Ⓒ	Ⓓ
19	Ⓐ	Ⓑ	Ⓒ	Ⓓ
20	Ⓐ	Ⓑ	Ⓒ	Ⓓ
21	Ⓐ	Ⓑ	Ⓒ	Ⓓ
22	Ⓐ	Ⓑ	Ⓒ	Ⓓ
23	Ⓐ	Ⓑ	Ⓒ	Ⓓ
24	Ⓐ	Ⓑ	Ⓒ	Ⓓ
25	Ⓐ	Ⓑ	Ⓒ	Ⓓ
26	Ⓐ	Ⓑ	Ⓒ	Ⓓ
27	Ⓐ	Ⓑ	Ⓒ	Ⓓ
28	Ⓐ	Ⓑ	Ⓒ	Ⓓ
29	Ⓐ	Ⓑ	Ⓒ	Ⓓ
30	Ⓐ	Ⓑ	Ⓒ	Ⓓ

수 험 번 호

(1) ⓪①②③④⑤⑥⑦⑧⑨
(2) ⓪①②③④⑤⑥⑦⑧⑨

주의사항

1. 수험번호 및 답안은 검은색 사인펜을 사용해서 〈보기〉와 같이 표기합니다.
   〈보기〉 바른표기: ● 틀린표기: ⓧ ⊙ ◑
2. 수험번호(1)에는 아라비아 숫자로 쓰고, (2)에는 해당란에 표기합니다.
3. 답안 수정은 수정 테이프로 흔적을 깨끗이 지웁니다.
4. 수험번호 및 답안 작성란 이외의 여백에 낙서를 하지 마시기 바랍니다. 이로 인한 불이익은 수험자 본인 책임입니다.
5. 마킹 오류로 채점 불가능한 답안은 0점 처리되오니, 이점 유의하시기 바랍니다.

엄선된 **100만 명**의 응시자 성적 데이터를 활용한 **AI기반** 데이터 공유 및 가치 고도화 플랫폼

TOSEL® Lab

공동기획   - 고려대학교 문과대학 언어정보연구소
                 - 국제토셀위원회

TOSEL Lab 이란?

국내외 15,000여 개 학교·학원 단체응시인원 중 엄선한 100만 명 이상의 실제 TOSEL 성적 데이터와, 정부(과학기술정보통신부)의 AI 바우처 지원 사업 수행기관 선정으로 개발된 맞춤식 AI 빅데이터 기반 영어성장 플랫폼입니다.

TOSEL Lab

지정교육기관 혜택

혜택 1
지역독점권

혜택 2
시험 고사장 자격 부여

혜택 3
고려대학교 field trip

혜택 4
토셀 영어학습 패키지

혜택 5
단체 성적분석자료
특강반, 신설반 교재추천

혜택 6
진단평가 기반
무료 영어학습 컨텐츠
Placement Test / Self Study / Monthly Test

학원장의 실질적인 비용부담 없이

TOSEL® Lab

브랜드를 사용할 수 있는 기회

TOSEL Lab 에는 어떤 콘텐츠가 있나요?

진단 맞춤형 레벨테스트로
정확한 평가 제공

응시자 빅데이터 분석에 기반한
테스트로 신규 상담 학생의
영어능력을 정확하게 진단하고
효과적인 영어 교육을 실시하기
위한 객관적인 가이드라인을
제공합니다.

교재 세분화된 레벨로
실력에 맞는 학습 제공

TOSEL의 세분화된 교재 레벨은
각 연령에 맞는 어휘와 읽기
지능 및 교과 과정과의 연계가
가능하도록 설계된 교재들로
효과적인 학습 커리큘럼을
제공합니다.

학습 다양한 교재연계 콘텐츠로
효과적인 자기주도학습

TOSEL 시험을 대비한 다양한
콘텐츠를 제공해 영어 학습에
시너지 효과를 기대할 수
있으며, 학생들의 자기주도
학습 습관을 더 탄탄하게
키울 수 있습니다.

Reading Series
내신과 **토셀 고득점**을 한꺼번에

Pre-Starter Starter Basic Junior High-Junior

- 각 단원 학습 도입부에 주제와 관련된 이미지를 통한 말하기 연습
- 각 Unit 별 4-6개의 목표 단어 제시, 그림 또는 영문으로 단어 뜻을 제공하여 독해 학습 전 단어 숙지
- 독해&실용문 연습을 위한 지문과 Comprehension 문항을 10개씩 수록하여 이해도 확인 및 진단
- 숙지한 독해 지문을 원어민 음성으로 들으며 듣기 학습 , 듣기 전, 듣기 중, 듣기 후 학습 커리큘럼 마련

Listening Series
한국 학생들에게 최적화된 듣기 실력 완성!

Pre-Starter Starter Basic Junior High-Junior

- 초등 / 중등 교과과정 연계 말하기&듣기 학습과 세분화된 레벨
- TOSEL 기출 문장과 실생활에 자주 활용되는 문장 패턴을 통해 듣기 및 말하기 학습
- 실제 TOSEL 지문의 예문을 활용한 실용적 학습 제공
- 실전 감각 향상과 점검을 위한 기출 문제 수록

Speaking Serie
출간예정

Grammar Series

체계적인 단계별 **문법 지침서**

Pre-Starter | Starter | Basic | Junior | High-Junior

- 초등 / 중등 교과과정 연계 문법 학습과 세분화된 레벨
- TOSEL 기출 문제 연습과 최신 수능 출제 문법을 포함하여 수능 / 내신 대비 가능
- 이해하기 쉬운 그림, 깔끔하게 정리된 표와 설명, 다양한 문제를 통해 문법 학습
- 실전 감각 향상과 점검을 위한 기출 문제 수록

Voca Series

학년별 꼭 알아야하는 **단어 수록!**

Pre-Starter | Starter | Basic | Junior | High-Junior

- 각 단어 학습 도입부에 주제와 관련된 이미지를 통한 말하기 연습
- TOSEL 시험을 기준으로 빈출 지표를 활용한 예문과 문제 구성
- 실제 TOSEL 지문의 예문을 활용한 실용적 학습 제공
- 실전 감각 향상과 점검을 위한 실전 문제 수록

Story Series

읽는 재미에 실력까지 **동시에!**

Pre-Starter | Starter | Basic | Junior

- 초등 / 중등 교과과정 연계 영어 학습과 세분화된 레벨
- 이야기 지문과 단어를 함께 연결지어 학생들의 독해 능력을 평가
- 이해하기 쉬운 그림, 깔끔하게 정리된 표와 설명, 다양한 문제, 재미있는 스토리를 통한 독해 학습
- 다양한 단계의 문항을 풀어보고 학생들의 읽기, 듣기, 쓰기, 말하기 실력을 집중적으로 향상

교재를 100% 활용하는 TOSEL Lab 지정교육기관의 노하우!

Teaching Materials

TOSEL에서 제공하는 수업 자료로
교재 학습을 더욱 효과적으로 진행!

Study Content

철저한 자기주도학습 콘텐츠로
교재 수업 후 효과적인 복습!

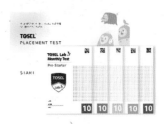

Test Content

교재 학습과 더불어 학생 맞춤형
시험으로 실력 점검 및 향상

100만 명으로 엄선된 **TOSEL**
성적 데이터로 탄생!

TOSEL Lab 지정교육기관을 위한 콘텐츠로 더욱 효과적인 수업을 경험하세요.

국제토셀위원회는 TOSEL Lab 지정교육기관에서 교재로
수업하는 학원을 위해 교재를 잘 활용할 수 있는 다양한
콘텐츠를 제공 및 지원합니다.

TOSEL Lab 지정교육기관은

국제토셀위원회 직속 TOSEL연구소에서 20년 동안 보유해온
전국 15,000여 개 교육기관 토셀 응시자들의 영어성적 분석데이터를
공유받아, 통계를 기반으로 한 전문적이고 과학적인 커리큘럼을 설계하고,
영어학습 방향을 제시하여,경쟁력있는 기관, 잘 가르치는 기관으로
해당 지역에서 입지를 다지게 됩니다.

TOSEL Lab 지정교육기관으로 선정되기 위해서는
소정의 **심사 절차**가 수반됩니다.

TOSEL Lab
심사신청

TOSEL Lab
더 알아보기

TOSEL® Lab

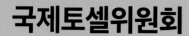
국제토셀위원회

TOSEL®
예상문제집

JUNIOR
정답 및 해설

국제토셀위원회

TOSEL 예상문제집

JUNIOR

정답 및 해설

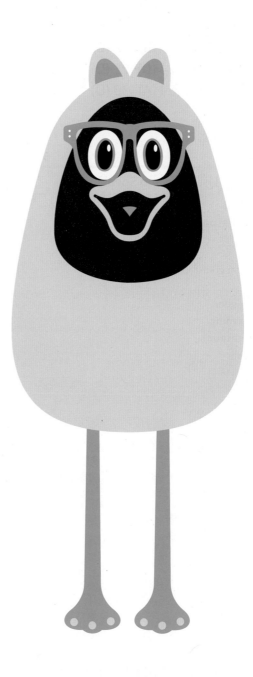

TOSEL JUNIOR

실전 1회

Section I Listening and Speaking

1 (C)	2 (B)	3 (D)	4 (B)	5 (A)
6 (C)	7 (A)	8 (A)	9 (B)	10 (D)
11 (A)	12 (C)	13 (B)	14 (B)	15 (B)
16 (A)	17 (C)	18 (B)	19 (A)	20 (B)
21 (C)	22 (D)	23 (B)	24 (C)	25 (D)
26 (B)	27 (D)	28 (A)	29 (C)	30 (D)

Section II Reading and Writing

1 (A)	2 (A)	3 (C)	4 (C)	5 (A)
6 (A)	7 (A)	8 (B)	9 (A)	10 (A)
11 (D)	12 (D)	13 (B)	14 (D)	15 (B)
16 (D)	17 (C)	18 (B)	19 (B)	20 (B)
21 (A)	22 (D)	23 (B)	24 (D)	25 (D)
26 (C)	27 (C)	28 (B)	29 (A)	30 (D)

Section I Listening and Speaking

Part A. Listen and Respond (p. 11)

1. Boy: Where are you going?
   Girl: _____
   (A) It's already gone.
   (B) I'm not listening.
   (C) To the bathroom.
   (D) On the wall.
   해석 소년: 어디 가는 중이니?
   소녀: _____
   (A) 그것은 벌써 가버렸어.
   (B) 난 듣고 있지 않아.
   (C) 화장실에.
   (D) 벽에.
   풀이 어디를 가는지 물어보는 소년의 질문에 장소로 대답한 (C)가 정답이다.

2. Girl: Who's that man over there?
   Boy: _____
   (A) That's a nice dress.
   (B) That's my father.
   (C) That's a saleslady.
   (D) That's a good book.
   해석 소녀: 저기 저 남자는 누구니?
   소년: _____
   (A) 멋진 드레스구나.
   (B) 그 분은 내 아버지야.
   (C) 그 사람은 여성 판매원이야.
   (D) 그것은 좋은 책이야.
   풀이 소녀가 지목한 사람이 누군지 물어보는 질문이므로 적절한 응답은 (B)이다.
   (C)는 여성이기 때문에 정답이 아니다.

3. Boy: What kind of pizza would you like?
   Girl: _____
   (A) I'm glad you enjoy the pizza.
   (B) Let's sort this out.
   (C) Do you like pizza, too?
   (D) A ham and pineapple, please.
   해석 소년: 어떤 종류의 피자를 원해?
   소녀: _____
   (A) 난 네가 피자를 좋아해서 기뻐.
   (B) 이것들을 구분하자.
   (C) 너도 피자 좋아하니?
   (D) 햄과 파인애플이 있는 것으로 부탁해.
   풀이 소년이 원하는 피자 종류를 물어보는 질문이므로 적절한 응답은 (D)이다.

4. Girl: How does my speech sound?
   Boy: _____
   (A) I didn't hear anything.
   (B) You need to practice more.
   (C) I can talk too, you know.
   (D) The sound is getting closer.
   해석 소녀: 내 연설 어때?
   소년: _____
   (A) 아무것도 안 들렸어.
   (B) 연습을 좀 더 해야 할 필요가 있어.
   (C) 너도 알듯이, 나도 대화할 수 있어.
   (D) 소리가 점점 가까워지는걸.
   풀이 소녀가 자신의 연설에 대한 소년의 평가를 물어보고 있으므로 적절한 응답은 (B)이다.
   Words and Phrases need 필요하다 practice 연습하다

5. Boy: Does this shirt fit me?
   Girl: _____
   (A) It's just the right size.
   (B) The colors are nice.
   (C) It doesn't suit me.
   (D) I really like your shirt.
   해석 소년: 이 셔츠가 나한테 맞니?
   소녀: _____
   (A) 딱 적절한 사이즈인걸.
   (B) 색깔이 멋져.
   (C) 그건 나한테 맞지 않아.
   (D) 네 셔츠가 정말 맘에 들어.
   풀이 셔츠가 소년에게 맞는지 물어보고 있으므로 적절한 응답은 사이즈에 대해 대답한 (A)이다.

6. Girl: Look at this interesting insect.
   Boy: _____
   (A) I'm afraid of snakes.
   (B) I like music, too.
   (C) That looks strange.
   (D) I'm not that interesting.

해석 소녀: 여기 이 흥미로운 곤충 좀 봐.
   소년: _____
   (A) 난 뱀이 무서워.
   (B) 나도 음악을 좋아해.
   (C) 뭔가 이상하게 생겼는걸.
   (D) 난 그다지 흥미롭지 않아.

풀이 흥미로운 곤충에 대해 이야기하는 소녀에게 그것이 이상하게 생겼다고 응답하는 (C)가 정답이다. (D)는 주어인 'I'가 흥미롭지 않다는 의미이므로 오답이다.

Words and Phrases interesting 흥미로운

7. Boy: I should go home soon.
   Girl: _____
   (A) Okay. I'll see you later.
   (B) My home is very big.
   (C) You've already seen my home.
   (D) The sun is very bright today.

해석 소년: 난 곧 집에 가야 해.
   소녀: _____
   (A) 알겠어. 다음에 봐.
   (B) 우리 집은 매우 커.
   (C) 넌 이미 우리 집을 본 적이 있지.
   (D) 오늘은 태양이 매우 밝네.

풀이 소년이 집에 가야 한다고 말했으므로 적절한 응답은 작별 인사를 하는 (A)이다.

Words and Phrases bright 밝은

8. Girl: I like studying with you.
   Boy: _____
   (A) I think we study well together, too.
   (B) I should study for my math test.
   (C) I think we're totally lost.
   (D) This is taking far too long.

해석 소녀: 난 너와 함께 공부하는 게 좋아.
   소년: _____
   (A) 내 생각에도 우리가 함께 공부를 잘 하는 것 같아.
   (B) 수학 시험을 위해 공부해야 해.
   (C) 내 생각에 우린 완전히 길을 잃은 것 같아.
   (D) 이거 너무 오래 걸리네.

풀이 함께 공부하는 것이 좋다고 소녀가 말하고 있으므로 관련 있는 적절한 응답은 (A)이다.

Words and Phrases study 공부하다

9. Boy: Could you wait just a minute?
   Girl: _____
   (A) Let's not tell any lies.

(B) Sure, no problem.
(C) A minute has sixty seconds.
(D) You've lost weight.

해석 소년: 잠시만 기다려 줄래?
   소녀: _____
   (A) 거짓말은 하지 말자.
   (B) 물론이지.
   (C) 일 분은 60초야.
   (D) 너 살 빠졌다.

풀이 잠시 기다려 달라는 소년의 부탁에 적절한 응답은 (B)이다. 'Wait a minute'은 꼭 일 분의 의미보다는 '잠시'의 의미로 자주 쓰인다.

Words and Phrases lie 거짓말

10. Girl: I'm really thirsty.
    Boy: _____
    (A) How old are you today?
    (B) What's in there?
    (C) Where's the bedroom?
    (D) Would you like some water?

해석 소녀: 나 정말 목말라.
    소년: _____
    (A) 너 오늘 몇 살이니?
    (B) 거기 안에 무엇이 있니?
    (C) 침실은 어디니?
    (D) 물 좀 마실래?

풀이 소녀가 목이 마르다고 했으므로 적절한 응답은 물을 마실 것인지 제안하는 (D)이다.

Words and Phrases thirsty 목마른

Part B. Listen and Retell (p. 12)

11. Boy: Where should we build the castle?
    Girl: How about right here?
    Boy: Won't the waves knock it down?
    Question: What are they doing?
    (A) building a sandcastle
    (B) waving to each other
    (C) swimming in the ocean
    (D) eating a sandwich

해석 소년: 성을 어디에 지어야 하지?
    소녀: 바로 여기는 어때?
    소년: 파도가 다 무너뜨리지 않을까?
    질문: 그들은 무엇을 하고 있습니까?
    (A) 모래성 짓기
    (B) 서로 손을 흔들기
    (C) 바다에서 수영하기
    (D) 샌드위치 먹기

풀이 성을 쌓는데 파도에 의해 무너지는 것을 걱정하고 있으므로 해변에서 모래성을 만들고 있는 것임을 알 수 있다. 따라서 적절한 답은 (A)이다.

Words and Phrases wave 파도 knock down 쓰러뜨리다

12. Girl: Do you want to go shopping?
    Boy: Sorry, but I have to go to piano practice.
    Girl: Oh, I see.
    Question: What does the boy have to do?
    (A) to see grandparents
    (B) to check the time
    (C) to go to piano practice
    (D) to visit a shopping mall

해석 소녀: 같이 쇼핑하러 갈래?
    소년: 미안해, 하지만 난 피아노 연습하러 가야 해.
    소녀: 오, 알겠어.
    질문: 소년은 무엇을 해야 합니까?
    (A) 조부모님 뵈러 가기
    (B) 시간 확인하기
    (C) 피아노 연습하러 가기
    (D) 쇼핑몰 방문하기

풀이 함께 쇼핑하러 가자는 소녀의 제안에 소년은 피아노 수업을 가야 한다고 말하고 있으므로 정답은 (C)이다.

13. Boy: When do we get on the plane?
    Girl: In about three hours.
    Boy: Why did we get here so early?
    Question: Where are they?
    (A) at a school
    (B) at an airport
    (C) at a bus stop
    (D) at a grocery store

해석 소년: 우린 언제 비행기에 타지?
    소녀: 세 시간쯤 후에.
    소년: 우린 왜 이렇게 일찍 왔어?
    질문: 그들은 어디에 있습니까?
    (A) 학교에
    (B) 공항에
    (C) 버스 정류장에
    (D) 식료품 가게에

풀이 비행기 탑승 시간을 물어보고 답하는 대화에서 두 사람이 공항에 있음을 추론할 수 있으므로 정답은 (B)이다.

14. Girl: How will we get to the library?
    Boy: My father will drive us.
    Girl: Okay, good.
    Question: Who will be driving them to the library?
    (A) the boy's mother
    (B) the boy's father
    (C) the girl's mother
    (D) the girl's father

해석 소녀: 어떻게 도서관에 가?
    소년: 우리 아버지가 태워다 주실 거야.
    소녀: 알겠어, 잘됐다.
    질문: 누가 그들을 도서관에 태워다 줄 것입니까?
    (A) 소년의 어머니
    (B) 소년의 아버지
    (C) 소녀의 어머니
    (D) 소녀의 아버지

풀이 소년이 자신의 아버지가 태워다 줄 거라고 말하고 있으므로 정답은 (B)이다.

15. Boy: I hear school has been canceled.
    Girl: Yes, it's closed because of the big storm.
    Boy: Now we can play all day.
    Question: Why has the school been closed?
    (A) because of a fire
    (B) because of a storm
    (C) because of sickness
    (D) because of a holiday

해석 소년: 휴교가 되었다는 소식을 들었어.
    소녀: 응, 거대한 폭풍 때문에 휴교했어.
    소년: 이제 우리는 하루 종일 놀 수 있겠다.
    질문: 학교는 왜 휴교를 했습니까?
    (A) 화재 때문에
    (B) 폭풍 때문에
    (C) 질병 때문에
    (D) 휴일 때문에

풀이 소녀의 대답에서 큰 폭풍 때문에 휴교했음을 알 수 있으므로 정답은 (B)이다.

Words and Phrases storm 폭풍 cancel 취소하다

16. Girl: Look at all the books!
    Boy: Are you getting a romance or a mystery?
    Girl: I'll get a horror novel.
    Question: What kind of book will the girl buy?
    (A) horror
    (B) fantasy
    (C) mystery
    (D) romance

해석 소녀: 이 책들 좀 봐봐!
    소년: 연애 책을 고를 거야, 아니면 미스터리 책을 고를 거야?
    소녀: 난 공포 소설을 고를 거야.
    질문: 소녀는 무슨 책을 고를 것입니까?
    (A) 공포
    (B) 공상
    (C) 미스터리
    (D) 연애

풀이 연애 장르와 미스터리 장르 중에 물어본 소년의 질문과는 다르게 소녀는 공포 소설을 고르겠다고 말하고 있으므로 정답은 (A)이다.

Words and Phrases romance 연애 mystery 미스터리 horror 공포

17. Boy: When does the show start?
    Girl: In five minutes.
    Boy: We've been waiting half an hour already.
    Question: How long have they been waiting?
    (A) five minutes
    (B) twenty minutes
    (C) thirty minutes
    (D) sixty minutes

해석 소년: 공연이 언제 시작하니?
    소녀: 5분 안에 시작이야.
    소년: 우린 벌써 30분을 기다렸는걸.

질문: 그들은 얼마나 기다렸습니까?
(A) 5분
(B) 20분
(C) 30분
(D) 60분

풀이 5분 안에 공연이 시작한다는 소녀의 말에 소년이 30분이나 기다렸다면서 불평하고 있으므로 정답은 (C)이다.

Words and Phrases half an hour 30분

[18-19]

Girl: Hey Patrick, this is Rosa. Do you want to come over and watch a movie tonight? We're going to try some of the special candy my dad bought when he was on vacation in China, too. If you're interested, come by around 7:00. My dad should be home from work by then.

18. What is the girl inviting Patrick to do?
(A) to go on vacation
(B) to watch a movie
(C) to buy some candy
(D) to visit her dad at work

19. When did Rosa's dad buy candy?
(A) on his vacation in China
(B) on his way back from work
(C) around 7:00 in the morning
(D) while he was watching a movie

해석 소녀: Patrick, 나 Rosa야. 오늘 밤에 와서 영화 볼래? 우리는 아버지께서 중국에 휴가를 가셨다가 사오신 특별한 사탕도 먹어볼거야. 관심이 있으면 7시 정도에 우리 집으로 와. 아버지께서 그쯤에 도착하실 거야.

18. 소녀는 무엇을 하기 위해 Patrick을 초대했습니까?
(A) 휴가 가기
(B) 영화 보기
(C) 사탕 사기
(D) 그녀의 아버지의 일터 방문하기

19. Rosa의 아버지는 언제 사탕을 사왔습니까?
(A) 중국 휴가 중에
(B) 일에서 돌아오는 길에
(C) 아침 7시 쯤에
(D) 그가 영화를 보고 있던 중에

풀이 Rosa가 영화를 보자고 제안했으므로 18번의 정답은 (B)이다.
아버지가 중국에 휴가를 다녀와서 특별한 사탕을 사왔다고 언급되어 있으므로 19번의 정답은 (A)이다.

Words and Phrases vacation 방학, 휴가

[20-21]

Boy: My presentation is about Thomas Edison. He invented the light bulb. It took him a long time. He tried thousands of different ways of making light bulbs. Finally, he found one that worked. Later, he said that being smart is only a small part of what it takes to be a good inventor. The rest is all hard work.

20. What is the boy talking about?
(A) the dangers of light bulbs
(B) the life of Thomas Edison
(C) the best way to give a speech
(D) the importance of being smart

21. According to Edison, what kind of person makes a good inventor?
(A) a person who gives up easily
(B) a person who rests enough
(C) a person who works hard
(D) a person who is smart

해석 소년: 제 발표는 Thomas Edison에 관한 내용입니다. 그는 전구를 발명하였습니다. 그것은 오랜 시간이 걸렸습니다. 그는 전구를 만들기 위해 수많은 방법을 시도하였습니다. 마침내 그는 하나의 방법을 발견하였습니다. 나중에, 그가 말하길 똑똑한 것은 훌륭한 발명가가 되는 데 매우 작은 부분에 불과하다고 말했습니다. 나머지는 모두 열심히 노력하는 것입니다.

20. 소년은 무엇에 관해 이야기하고 있습니까?
(A) 전구의 위험성
(B) Thomas Edison의 삶
(C) 연설을 하는 가장 좋은 방법
(D) 똑똑한 것의 중요성

21. Edison에 따르면, 어떤 사람이 훌륭한 발명가가 됩니까?
(A) 쉽게 포기하는 사람
(B) 충분히 휴식하는 사람
(C) 열심히 노력하는 사람
(D) 똑똑한 사람

풀이 첫 번째 문장에서 자신의 발표가 Thomas Edison에 관한 것이라고 말하고 있다. 따라서 20번의 정답은 (B)이다.
Edison은 똑똑한 것은 아주 작은 부분에 불과하며, 열심히 노력하는 것이 중요하다고 말했다고 했으므로 21번의 정답은 (C)이다.

Words and Phrases presentation 발표 light bulb 전구 invent 발명하다 danger 위험 according to ~에 따르면

[22-23]

Woman: This stop is the last station of this train. You can transfer to another train for your destination. Please make sure you have all your belongings. Another one will be coming along in a couple of minutes. Do not board this train. Another train is on its way.

22. Where is this announcement made?
(A) at a mall
(B) at a bus stop
(C) at a street corner
(D) at a subway

23. What does the woman want people to do?
(A) fix the train
(B) transfer trains

(C) board the train

(D) wait on the train

해석 여성: 이번 역은 이 열차의 종착역입니다. 목적지로 가는 다른 열차로 갈아타십시오. 모든 소지품들을 챙겼는지 확인해주시기 바랍니다. 몇 분 후에 다른 열차가 올 예정입니다. 이 열차에 탑승하지 말아 주십시오. 다른 열차가 오고 있습니다.

22. 해당 방송은 어디에서 나오고 있습니까?

(A) 쇼핑몰에서

(B) 버스 정류장에서

(C) 길모퉁이에서

(D) 지하철에서

23. 여성은 사람들이 어떻게 하기를 바라고 있습니까?

(A) 열차를 고치기

(B) 열차를 갈아타기

(C) 열차에 탑승하기

(D) 열차에서 기다리기

풀이 'train'이라는 단어에서 22번의 정답이 (D)임을 알 수 있다.

열차가 더 이상 운행하지 않으므로 모두 열차를 갈아타라고 말하고 있으므로 23번의 정답은 (B)이다.

Words and Phrases service 서비스 board 탑승하다

[24-25]

Man: We will be having a fire drill in fifteen minutes. When the bell rings, please exit the building through the doors nearest you. Once you are outside, head to the parking lot. Please stay with your class. The teacher will then go through roll call to make sure everyone has safely left the building. Last week's fire drill took far too long to finish, so let's try and do better this time. Thank you.

24. When will the fire alarm sound?

(A) in five minutes

(B) in ten minutes

(C) in fifteen minutes

(D) in twenty minutes

25. Where will the students meet?

(A) near the doors

(B) at the fire station

(C) in the field

(D) in the parking lot

해석 남성: 우리는 15분 안에 소방 대피 훈련을 할 예정입니다. 경보기가 울리면, 가장 가까운 문을 통해 건물을 빠져나가시기 바랍니다. 밖으로 나오면, 주차장으로 가 주십시오. 당신의 학급과 함께 있길 바랍니다. 선생님들이 출석을 불러서 모두가 안전하게 건물을 빠져 나왔는지 확인할 것입니다. 지난 주의 소방 대피 훈련은 끝나는 데 너무 오래 걸렸으므로, 이번에는 좀 더 잘 할 수 있으면 좋겠습니다. 감사합니다.

24. 화재 경보기는 언제 울릴 것입니까?

(A) 5분 안에

(B) 10분 안에

(C) 15분 안에

(D) 20분 안에

25. 학생들은 어디서 만납니까?

(A) 문 근처에서

(B) 소방서에서

(C) 들판에서

(D) 주차장에서

풀이 첫 문장에서 15분 안에 훈련이 시작될 것임을 알려주고 있다. 따라서 24번의 정답은 (C)이다.

주차장으로 가면 그곳에서 선생님이 출석을 부를 것이라고 말하고 있으므로 25번의 정답은 (D)이다.

Words and Phrases fire drill 소방 대피 훈련 exit 탈출하다
nearest 가장 가까운 roll call 출석 확인

Part C. Listen and Speak (p. 16)

26. Girl: Ugh! I hate the rain. I'm going to get wet.
Boy: I don't mind rain. I have my umbrella.
Girl: I forgot mine.
Boy: _____

(A) I hate the rain, too.

(B) Stand with me under mine.

(C) You don't need it with this sun.

(D) Neither of us have umbrellas.

해석 소녀: 의! 난 비가 싫어. 젖게 되잖아.

소년: 난 비가 와도 상관없어. 난 우산이 있어.

소녀: 난 잊고 안 갖고 왔어.

소년: _____

(A) 나 역시 비가 싫어.

(B) 내 우산 아래 같이 있자.

(C) 해가 밝을 때는 그것이 필요 없어.

(D) 우리 둘 다 우산이 없어.

풀이 소녀는 우산을 가져오지 않았으므로 함께 우산을 쓰자는 (B)가 가장 적절한 응답이다. 소년은 비가 와도 상관하지 않고, 또 우산이 있으므로 (A)와 (D)는 정답이 될 수 없다. 지금 비가 오고 있으므로 (C) 역시 정답이 아니다.

27. Boy: Let's get some ice cream.
Girl: That's a great idea.
Boy: I'm getting vanilla.
Girl: _____

(A) I hate ice cream.

(B) I'm going home.

(C) I slipped on the ice.

(D) I'm getting chocolate.

해석 소년: 아이스크림 먹자.

소녀: 좋은 생각이야.

소년: 난 바닐라 맛을 먹겠어.

소녀: _____

(A) 나는 아이스크림이 싫어.

(B) 난 집에 갈 거야.

(C) 난 얼음에서 미끄러졌어.

(D) 난 초콜릿 맛을 먹을래.

28. Girl: How much money do you have left?
Boy: About three dollars.
Girl: I only have two.
Boy: _____
(A) You have less than I.
(B) You have more than I.
(C) You have as much as I.
(D) You don't have any money.

해석 소녀: 돈이 얼마나 남았니?
소년: 3달러 정도 남았어.
소녀: 난 2달러 밖에 없어.
소년: _____
(A) 넌 나보다 적게 갖고 있구나.
(B) 넌 나보다 많이 갖고 있구나.
(C) 넌 나만큼 갖고 있구나.
(D) 넌 돈이 아예 없구나.

풀이 소녀가 소년보다 1달러만큼 더 적은 돈을 갖고 있으므로 (A)가 적절한 응답이다.

29. Boy: That action movie was really good.
Girl: Really? I thought it was boring.
Boy: How could you not like it?
Girl: _____
(A) Why did you find it boring?
(B) It was clearly an action movie.
(C) I guess we have different tastes.
(D) I liked it just as much as you did.

해석 소년: 저 액션 영화는 정말 재미있어.
소녀: 정말? 난 지루하다고 생각했는데.
소년: 어떻게 저것을 좋아하지 않을 수 있어?
소녀: _____
(A) 왜 지루하다고 생각했어?
(B) 그것은 분명히 액션 영화였어.
(C) 내 생각에 우린 다른 취향을 갖고 있는 것 같아.
(D) 네가 좋아한 만큼 나도 그것이 좋았어.

풀이 소년은 재미있게 본 영화를 소녀는 지루하다고 생각하고 있으므로 각자 다른 취향을 갖고 있다는 (C)가 가장 적절한 응답이다. 소녀가 지루하다고 했으므로 (A)와 (D)는 정답이 될 수 없다.

30. Girl: Let's go home.
Boy: Can't we stay a little longer?
Girl: We really should leave now.
Boy: _____
(A) We've made it back home.
(B) The days are getting longer.
(C) Okay, then. Can we stay here?
(D) Please! Just five more minutes.

해석 소녀: 집에 가자.

소년: 조금만 더 있으면 안될까?
소녀: 우리는 정말 지금 가야 해.
소년: _____
(A) 우린 무사히 집에 돌아왔어.
(B) 낮이 길어지고 있어.
(C) 좋아, 그럼. 여기에 머물 수 있을까?
(D) 제발! 5분만 더 있자.

풀이 소녀는 빨리 집으로 가고 싶어하고, 소년은 조금만 더 있기를 바라고 있으므로 5분만 더 있자는 (D)가 가장 적절한 응답이다. 소녀가 떠나자고 말하고 있으므로 (C)는 적절하지 않다.

Section II Reading and Writing

Part A. Sentence Completion (p. 19)

1. A: I'm hungry.
B: _____ you want popcorn?
(A) Do
(B) Are
(C) Does
(D) Were

해석 A: 나는 배고파.
B: 너는 팝콘을 원하니?
(A) 1 · 2인칭 단 · 복수, 3인칭 복수 조동사
(B) 2인칭 단 · 복수, 3인칭 복수 be동사 현재형
(C) 3인칭 단수 조동사
(D) 2인칭 단 · 복수, 3인칭 복수 be동사 과거형

풀이 질문의 주어가 2인칭인 you이고 일반동사 want를 사용한 질문이므로 조동사 do로 질문해야 한다. 따라서 (A)가 정답이다.
Words and Phrases hungry 배고픈 want 원하다

2. A: _____ can I get there?
B: Take the subway to Central Station.
(A) How
(B) Why
(C) When
(D) Where

해석 A: 내가 거기에 어떻게 갈 수 있을까?
B: 중앙역으로 가는 지하철을 타.
(A) 어떻게
(B) 왜
(C) 언제
(D) 어디

풀이 지하철을 타라고 응답한 것으로 보아 가는 방법을 물었음을 짐작할 수 있으므로 (A)가 정답이다.
Words and Phrases subway 지하철 central 중앙의 station 역, 정거장

3. A: Why _____ you at school today?
B: I wasn't feeling well.

(A) aren't

(B) wasn't

(C) weren't

(D) haven't

해석 A: 너 오늘 왜 학교에 오지 않았니?

B: 몸이 좋지 않았어.

(A) 2인칭 단 · 복수 be동사 현재형

(B) 1 · 3인칭 단수 be동사 과거형

(C) 2인칭 단 · 복수, 3인칭 복수 be동사 과거형

(D) 1 · 2인칭 단 · 복수, 3인칭 복수 현재완료형

풀이 2인칭 주어에 맞는 be동사를 사용한 (C)가 정답이다.

Words and Phrases school 학교 today 오늘 feel well 건강 상태가 좋다

4. A: Does he want fruits on his cereal?

B: Yes, he wants _____ strawberries.

(A) no

(B) any

(C) some

(D) every

해석 A: 그는 시리얼에 과일을 올려먹기를 원하니?

B: 응, 그는 딸기를 조금 원해.

(A) 아무것도

(B) 어느

(C) 약간

(D) 모든

풀이 과일을 원하는지 묻는 질문에 그렇다고 대답하였고 긍정문에서 'some'은 '약간'의 의미로 쓰이므로 (C)가 정답이다.

Words and Phrases fruit 과일 cereal 시리얼 strawberry 딸기

5. A: _____ you could go anywhere in the world, where would you go?

B: I want to go to the Amazon River.

(A) If

(B) So

(C) That

(D) Such

해석 A: 만약에 네가 세상에서 원하는 곳 어디든지 갈 수 있다면, 너는 어디로 갈거니?

B: 나는 아마존 강으로 가고 싶어.

(A) 만약에

(B) 그래서

(C) 그 (관계대명사)

(D) 그러한

풀이 문맥상 만약 어디든 갈 수 있다면 어디로 갈것인지를 묻는 것이 적절하므로 (A)가 정답이다.

Words and Phrases anywhere 어디든지 world 세계 Amazon 아마존 river 강

PART B. Situational Writing (p. 20)

6. It's fun to get down on a _____!

(A) sled

(B) slam

(C) swing

(D) smash

해석 썰매를 타고 내려오는 것은 즐겁다!

(A) 썰매

(B) 세게 닫기

(C) 그네

(D) 박살내기

풀이 그림에서 소년이 썰매를 타고 내려오고 있으므로 (A)가 정답이다.

Words and Phrases sled 썰매 slam 세게 닫기 swing 그네; 흔들리다 smash 박살내기; 박살내다

7. There are _____ books.

(A) two red

(B) three blue

(C) four red

(D) five blue

해석 두 권의 빨간색 책이 있다.

(A) 두 권의 빨간색

(B) 세 권의 파란색

(C) 네 권의 빨간색

(D) 다섯 권의 파란색

풀이 그림에서 빨간색 책은 두 권이므로 (A)가 정답이다.

8. You can see a fountain _____ the building.

(A) between

(B) in front of

(C) far away from

(D) on the corner of

해석 너는 건물 앞에서 분수대를 볼 수 있다.

(A) ~사이에

(B) ~앞에

(C) ~로부터 멀리

(D) ~의 모퉁이에

풀이 그림에서 분수대는 건물의 앞에 있으므로 (B)가 정답이다.

Words and Phrases fountain 분수 building 건물 between ~사이에 in front of ~앞에 far away from ~로부터 멀리 on the corner of ~의 모퉁이에

9. Mrs. Ben is _____ weights.

(A) lifting

(B) rolling

(C) laying

(D) resting

해석 Ben 부인은 역기를 들어올리고 있다.

(A) 들어올리고 있는

(B) 굴리는

(C) 놓는

(D) 쉽게 하는

풀이 그림에서 여자는 역기를 들어올리고 있으므로 (A)가 정답이다.

Words and Phrases weight 무게, 추 lift 들어올리다 lay 놓다 rest 휴식을 취하다, 쉬게하다

10. You should throw away _____ trash.

   (A) stinky

   (B) smooth

   (C) pleased

   (D) peaceful

해석 너는 냄새나는 쓰레기를 버려야 한다.

   (A) 냄새나는

   (B) 부드러운

   (C) 기쁜

   (D) 평화로운

풀이 그림에 냄새나는 쓰레기가 있고 남자가 코를 잡고 있으므로 (A)가 정답이다.

Words and Phrases should ~해야한다 throw away 버리다 trash 쓰레기 stinky 냄새나는 smooth 부드러운 pleased 기쁜 peaceful 평화로운

Part C. Practical Reading and Retelling (p. 23)

[11-12]

Garry's Chores

Things To Do		SUN	MON	TUE	WED	THU	FRI	SAT
	Wash the dishes	O	O	O	O	O	O	O
	Sweep the floor		O	O	O	O	O	
	Clean the bedroom		O		O			
	Clean the bathroom	O			O			
	Take out the garbage	O	O	O	O	O	O	O

11. What is the chart about?

   (A) food calories

   (B) food recipes

   (C) work hours

   (D) work schedule

12. What should Garry do on Tuesday?

   (A) sweep the floor, clean the bedroom, and take out the garbage.

   (B) wash the dishes, sweep the floor, and clean the bedroom

   (C) wash the dishes, and clean the bathroom

   (D) wash the dishes, sweep the floor, and take out the garbage

해석 Garry의 집안일

해야 할 일	일	월	화	수	목	금	토
설거지하기	○	○	○	○	○	○	○
바닥 쓸기		○	○	○	○	○	
침실 청소하기		○		○			
화장실 청소하기	○			○			
쓰레기 버리기	○	○	○	○	○	○	○

11. 표는 무엇에 관한 것입니까?

   (A) 음식 칼로리

   (B) 음식 요리법

   (C) 작업 시간

   (D) 작업 일정

12. Garry는 화요일에 무엇을 해야 합니까?

   (A) 바닥을 쓸고, 침실을 청소하고, 쓰레기를 버리기

   (B) 설거지를 하고, 바닥을 쓸고, 침실을 청소하기

   (C) 설거지를 하고, 화장실을 청소하기

   (D) 설거지를 하고, 바닥을 쓸고, 쓰레기를 버리기

풀이 표는 Garry가 해야 하는 일을 적어 놓은 것이다. 따라서 11번의 정답은 (D) 이다.

표에서 화요일 일정을 보면 설거지를 하고, 바닥을 쓸고 쓰레기를 버려야 한 다고 나와 있으므로 12번의 정답은 (D)이다.

Words and Phrases chore (정기적으로 하는, 하기 싫은 따분한) 일 wash the dishes 설거지를 하다 sweep 쓸다 floor 바닥 bathroom 욕실

[13-14]

Country Fact File

Country name	Tanzania
Size	943,776 square kilometers
Population	47,421,786 as of June 2015
Capital	Dar es Salaam
Languages	Swahili and English
Weather	hot but cool at night
Products	coffee, cotton, meat, tea, nuts, sugarcane, coconuts, diamonds, gold, iron, wood products, salt
Money	Shilling

13. What is the capital city of Tanzania?

   (A) Tanzania city

   (B) Dar es Salaam

   (C) Swahili

   (D) Shilling

14. What do they NOT have?

   (A) meat

   (B) nuts

   (C) coconuts

   (D) pineapples

나라 정보

나라 이름: 탄자니아

크기: 943,776 km²

인구 수: 47,421,786명 2015년 6월 기준

수도: Dar es Salaam

언어: 스와힐리어, 영어

날씨: 덥지만 저녁에는 추움

생산물: 커피, 목화, 고기, 차, 견과류, 사탕수수, 코코넛, 다이아몬드, 금, 철, 목재, 소금

화폐: 실링

13. Tanzania의 수도는 어디입니까?

(A) Tanzania city

(B) Dar es Salaam

(C) Swahili

(D) Shilling

14. 그들이 갖고 있지 않은 것은 무엇입니까?

(A) 고기

(B) 견과류

(C) 코코넛

(D) 파인애플

풀이 탄자니아의 수도는 Dar es Salaam이므로 13번의 정답은 (B)이다.
생산물에 없는 (D) 파인애플이 14번의 정답이다.

Words and Phrases population 인구 capital 수도 cotton 목화 sugarcane 사탕수수

[15–16]

15. When was the second *Harry Potter* book published?

(A) 1998

(B) 1999

(C) 2000

(D) 2003

16. What book was printed the most?

(A) *Order of the Phoenix*

(B) *Goblet of Fire*

(C) *Prisoner of Azkaban*

(D) *Half-Blood Prince*

해리포터-최초 미국 인쇄 부수

마법사의 돌 (1998년 9월) 5만

비밀의 방 (1999년 6월) 25만

아즈카반의 죄수 (1999년 9월) 50만

불의 잔 (2000년 7월) 380만

불사조 기사단 (2003년 6월) 680만

혼혈왕자 (2005년 7월) 1,080만

15. 언제 해리포터 두 번째 시리즈가 출간되었습니까?

(A) 1998

(B) 1999

(C) 2000

(D) 2003

16. 어떤 책이 가장 많이 출판되었습니까?

(A) 불사조 기사단

(B) 불의 잔

(C) 아즈카반의 죄수

(D) 혼혈 왕자

풀이 1999년 6월에 해리포터 두 번째 시리즈인 비밀의 방이 발간되었으므로 15번의 정답은 (B)이다.
가장 많이 출판된 책은 1,080만권인 혼혈 왕자이므로 16번의 정답은 (D)이다.

Words and Phrases initial 처음의 print run 인쇄 부수

[17–18]

TOP TEN LIST OF WORLD'S LARGEST COUNTRIES

Russia	17,075,200 km²
Canada	9,984,670 km²
United States	9,826,630 km²
China	9,596,960 km²
Brazil	8,511,965 km²
Australia	7,686,850 km²
India	3,287,590 km²
Argentina	2,766,890 km²
Kazakhstan	2,717,300 km²
Sudan	2,505,810 km²

17. Which country is the fourth largest?

(A) Russia

(B) Brazil

(C) China

(D) Sudan

18. What countries are between 3,000,000 and 8,000,000 km² in size?

(A) Australia only

(B) India and Australia

(C) India, Australia and Brazil

(D) Argentina and Brazil

해석 세계에서 가장 큰 나라 10위

러시아 17,075,200 km²

캐나다 9,984,670 km²

미국 9,826,630 km²

중국 9,596,960 km²

브라질 8,511,965 km²

호주 7,686,850 km²

인도 3,287,590 km²

아르헨티나 2,766,890 km²

카자흐스탄 2,717,300 km²

수단 2,505,810 km²

17. 어떤 나라가 네 번째로 큽니까?

(A) 러시아

(B) 브라질

(C) 중국

(D) 수단

18. 어떤 나라가 3,000,000에서 8,000,000 km²사이의 크기를 가지고 있습니까?

(A) 오로지 호주

(B) 인도와 호주

(C) 인도, 호주 그리고 브라질

(D) 아르헨티나와 브라질

풀이 표에는 크기 순서대로 나라들이 배열되어 있는데 네 번째로 큰 나라는 중국이므로 17번의 정답은 (C)이다.

3,000,000에서 8,000,000 km²사이의 크기를 가진 나라는 인도와 호주이므로 18번의 정답은 (B)이다.

Words and Phrases the fourth largest 네 번째로 큰

[19-20]

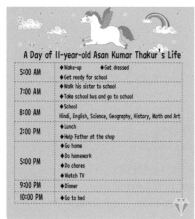

19. How long does Asan stay at school?

(A) for 5 hours

(B) for 6 hours

(C) for 7 hours

(D) for 8 hours

20. How does Asan go to school?

(A) on foot

(B) by bus

(C) by car

(D) by taxi

해석 11살 Asan Kumar Thakur의 하루

아침 5시	일어난다, 옷을 입는다, 학교 갈 준비를 한다
아침 7시	여동생을 학교에 데려다 준다, 통학 버스를 타고 학교에 간다
아침 8시	수업. 힌디어, 영어, 과학, 지리, 역사, 수학 그리고 미술
오후 2시	점심 식사, 가게에서 아버지를 도와드린다
오후 5시	집에 간다, 숙제를 한다, 집안일을 한다, TV를 본다
오후 9시	저녁 식사
오후 10시	잠을 잔다

19. Asan은 학교에 얼마나 오래 머무릅니까?

(A) 5시간 동안

(B) 6시간 동안

(C) 7시간 동안

(D) 8시간 동안

20. Asan은 어떻게 학교에 갑니까?

(A) 걸어서

(B) 버스를 타고

(C) 차를 타고

(D) 택시를 타고

풀이 해석된 내용을 보면 Asan은 아침 8시부터 오후 2시까지 총 6시간 동안 학교에 머무르는 것을 알 수 있으므로 19번의 정답은 (B)이다.

Asan은 통학버스를 타고 학교를 간다고 했으므로 20번의 정답은 (B)이다.

Words and Phrases wake up 일어나다 get dressed 옷을 입다
geography 지리학

PART D. General Reading and Retelling (p. 28)

[21-22]

Lego is a very popular building toy made of plastic. The toy company Lego was made by Ole Kirk Christiansen of Denmark in 1932. The word "Lego" is made from two Danish words, "Leg Godt," which mean "play well." Lego toys were first sold in the U.S.A. in 1961. Lego has made play sets for robots, castles, dinosaurs, cities, trains, airports, *Star Wars,* and even *Harry Potters*. Lego has four Legoland amusement parks, three in Europe and one in California.

21. What does Lego mean in Danish?

(A) play well

(B) use plastic

(C) build higher

(D) enjoy games

22. Which play sets did Lego NOT make?

(A) airports

(B) *Star Wars*

(C) dinosaurs

(D) Christiansen

해석 레고는 플라스틱으로 만들어진 매우 인기 있는 장난감을 쌓는 게임이다. 레고 장남감 회사는 덴마크의 Ole Kirk Christiansen에 의해 1932년에 만들어 졌다. "레고"라는 말은 "잘 놀기"라는 의미의 "Leg Godt"라는 2개의 덴마크 단어에서 비롯되었다. 레고 장난감들은 1961년에 미국에서 처음으로

팔렸다. 레고 회사는 로봇, 궁전, 공룡, 도시들, 기차들, 공항, 스타워즈 그리고 심지어는 해리포터를 만들 수 있는 놀이 세트를 만들어왔다. 레고 회사는 4개의 레고 나라 놀이공원을 가지고 있는데, 3개는 유럽에 있고 1개는 캘리포니아에 있다.

21. 레고가 덴마크어에서는 무엇을 의미합니까?
(A) 잘 놀기
(B) 플라스틱을 사용하기
(C) 더 높이 쌓기
(D) 게임을 즐기기

22. 레고 장난감 회사가 만들지 않은 놀이 세트는 무엇입니까?
(A) 공항
(B) 스타워즈
(C) 공룡
(D) Christiansen

풀이   레고라는 단어가 덴마크에서는 '잘 놀기'를 의미한다고 했으므로 21번의 정답은 (A)이다.
레고 장난감 회사가 만들지 않은 놀이 세트는 (D)이다. Christiansen은 레고 회사를 만든 사람이다.

Words and Phrases   popular 인기 있는 toy 장난감 Danish 덴마크어 castle 성 dinosaur 공룡 amusement park 놀이공원

[23-24]

Do you like chocolate? People from all over the world like the taste of chocolate. Here are some of interesting facts about chocolate. Read and check how many you know. First, chocolate is a food made from the seeds of the cacao tree. Cacao trees only live in hot, rainy places near the Equator. Second, the scientific name for chocolate means "food for the gods." Third, some animals, like dogs and cats, will become sick or even die from eating chocolate. Lastly, your chocolate probably contains bugs. On average, a chocolate bar contains around eight insect parts. Which fact surprises you most?

23. What is a good title for this passage?
(A) The Origin of Chocolate
(B) Weird Chocolate Facts
(C) A Chocolate Tale
(D) From Cacao to Chocolate

24. What is NOT true about chocolate?
(A) Chocolate is bad for dogs and cats.
(B) You may eat bugs while eating chocolate.
(C) Chocolate is made from cacao beans, the seeds of a cacao tree.
(D) The original name for chocolate means "food for dogs"

해석   초콜릿을 좋아합니까? 전 세계의 사람들이 초콜릿의 맛을 좋아합니다. 여기 초콜릿에 관한 몇가지 흥미로운 사실이 있습니다. 읽어 보시고 얼마나 알고 있는지 확인해 보세요. 첫 번째로, 초콜릿은 카카오 나무의 씨앗으로 만든 음식입니다. 카카오 나무는 적도 근처의 뜨겁고 비가 많이 오는 지역에만 삽니다. 두 번째로, 초콜릿의 학명은 "신을 위한 음식"이란 뜻입니다. 세 번째로, 개와 고양이 같은 일부 동물들은 초콜릿을 먹으면 아프거나 심지어 죽

을 것입니다. 마지막으로, 당신의 초콜릿에는 아마 벌레가 들어 있을 것입니다. 평균적으로, 하나의 초콜릿 바는 8개의 곤충 부분을 포함하고 있습니다. 어떤 사실이 당신을 가장 놀랍게 하나요?

23. 이 지문에 적절한 제목은 무엇입니까?
(A) 초콜릿의 기원
(B) 기이한 초콜릿 사실
(C) 초콜릿 이야기
(D) 카카오에서 초콜릿까지

24. 초콜릿에 관한 내용 중 사실이 아닌 것은 무엇입니까?
(A) 초콜릿은 개와 고양이에게 나쁘다.
(B) 당신은 초콜릿을 먹는 도중 벌레를 먹을 수 있다.
(C) 초콜릿은 카카오 나무의 씨앗인 카카오 콩으로 만든다.
(D) 초콜릿의 원래 이름은 "개를 위한 음식"을 의미한다.

풀이   이 지문은 초콜릿에 관한 흥미로운 사실들에 대한 것이므로 23번의 답은 (B)이다.
초콜릿의 학명은 "신을 위한 음식"을 의미한다고 했으므로 24번 답은 (D)이다.

Words and Phrases   taste 맛 cacao 카카오 equator 적도 scientific 과학적인 insect 곤충

[25-26]

Did you know that the Latin word for "tree" is "arbor"? In the United States, Arbor Day is the tree planters' holiday and has been celebrated on the last Friday in April since 1872. It began in Nebraska because there were almost no trees back in the 1800's. It is a day to plant trees to help nature and the environment. Arbor Day is also celebrated by other countries. In South Korea, "Tree Planting Day" is celebrated on April 5th every year. People all over the world celebrate at different times to give back to nature.

25. When do people celebrate Arbor Day in America?
(A) in 1800
(B) in the summer
(C) on April 5th every year
(D) on the last Friday in April

26. Why do people celebrate the holiday?
(A) because they want to sell many trees
(B) because they need to make many houses
(C) because they hope to help nature by planting trees
(D) because they planted a lot of trees in Nebraska in the past

해석   라틴어에서 나무를 의미하는 단어가 'arbor'라는 것을 아는가? 미국에서는, 식목일(Arbor day)은 나무 심는 사람들의 공휴일로 1872부터 4월의 마지막 금요일이 기념일이 되기 시작했다. 식목일은 Nebraska에서 시작되었는데, 왜냐하면 Nebraska에는 1800년대에 나무가 거의 없었기 때문이다. 자연과 환경에 도움을 주기 위해서 나무를 심기 시작한 날이다. 식목일은 다른 나라에서도 기념된다. 대한민국에서는 나무를 심는 날을 매해 4월 5일마다 기념한다. 전 세계의 사람들은 자연에 보답하기 위해 이 날을 각기 다른 날짜에 기념한다.

25. 미국에서 언제 사람들이 식목일을 기념합니까?

(A) 1800년에

(B) 여름에

(C) 매년 4월 5일마다

(D) 4월의 마지막 금요일에

26. 왜 사람들이 식목일을 기념합니까?

(A) 사람들은 많은 나무를 팔기를 원하기 때문에

(B) 사람들이 많은 집을 만들 필요가 있기 때문에

(C) 사람들은 나무를 심음으로써 자연을 돕기를 원하기 때문에

(D) 사람들은 과거에 Nebraska에 많은 나무를 심었기 때문에

풀이 지문을 보면 미국에서는 식목일을 4월의 마지막 금요일에 기념한다고 나와 있으므로 25번의 정답은 (D)이다.

사람들이 식목일을 기념하는 이유는 식목일은 자연을 위해서이다. 그러므로 26번의 정답은 (C)이다.

Words and Phrases Latin 라틴계의, 라틴의 holiday 공휴일 environment 환경 nature 자연 celebrate 축하하다, 기념하다

[27-28]

Martin Luther King Jr. was born on January 15th, 1929, in Atlanta, Georgia. He was an excellent student in school. He entered college when he was only 15 years old. After graduating from college, he became a minister. He decided to make the world better for African Americans. During the 1950's, he fought against the unfair treatment of African Americans. He won the Nobel Peace Prize in 1964. He was killed on April 4th, 1968. Martin Luther King Day is celebrated each year in January, the month in which he was born.

27. What did Martin Luther King do to make the world better?

(A) He fought for women's rights.

(B) He tried to win the Nobel Peace Prize.

(C) He fought against unfairness toward different races.

(D) He tried to show that African Americans were the best.

28. What did King Jr. become when he graduated from college?

(A) doctor

(B) minister

(C) engineer

(D) politician

해석 Martin Luther King Jr.은 1929년 1월 15일에 조지아주 아틀랜타 시에서 태어났다. 그는 학교에서 우수한 학생이었다. 그는 겨우 15살이었을 때 대학에 입학했다. 대학을 졸업한 뒤에 그는 목사가 되었다. 그는 아프리카계의 미국인들을 위해 더 나은 세상을 만들기로 결심했다. 1950년대 기간에 그는 아프리카계 미국인들에 대한 부당한 차별대우에 대해서 맞서 싸웠다. 그는 1964년에는 노벨 평화상을 받았다. 그는 1968년 4월 4일에 암살당했다. Martin Luther King의 날은 매년 그가 태어난 달인 1월에 기념한다.

27. Martin Luther King이 더 나은 세상을 만들기 위해서 한 것은 무엇입니까?

(A) 그는 여성의 인권을 위해서 싸웠다.

(B) 그는 노벨 평화상을 타기 위해서 노력했다.

(C) 그는 다른 인종들에 대한 불공정함에 대해 항거했다.

(D) 그는 아프리카계 미국인들이 최고라는 것을 보여주려고 노력했다.

28. 대학을 졸업한 뒤에 King Jr.는 무엇이 되었습니까?

(A) 의사

(B) 목사

(C) 기술자

(D) 정치인

풀이 Martin Luther King Jr.는 흑인에 대한 불공정한 대우에 대해 맞서 싸웠다고 했으므로 27번의 정답은 (C)이다.

그는 우수한 학생으로서 대학을 이른 나이에 들어가고 대학을 졸업한 뒤에는 목사가 되었다고 언급되어 있기 때문에 28번의 정답은 (B)이다.

Words and Phrases excellent 우수한 enter 들어가다 college 대학 graduate 졸업하다 minister 목사 decide 결심하다 better 더 나은 unfair 불공정한 treatment 처우, 대우 celebrate 축하하다, 기념하다

[29-30]

Every afternoon, as children were coming from school, they used to go and play in the giant's garden. It was a large lovely garden with soft grass and beautiful flowers. Children were so happy there. One day, the giant came back from his visit to his friend's place and saw the children playing in his garden. "What are you doing here?" he cried in an angry voice, and the children ran away. "My garden is my own garden," said the giant. "I will allow nobody to play in it but myself." So he built a high wall around it.

29. What can be said about the giant?

(A) He is selfish.

(B) He is friendly.

(C) He loves children.

(D) He is too tired from his trip.

30. Why did the giant build a high wall around his garden?

(A) because he thought his garden was ugly

(B) because he had to leave his garden to visit his friend

(C) because he wanted to keep the children in his garden

(D) because he did not want the children to come in his garden

해석 매일 오후마다, 아이들이 학교로부터 돌아오면, 아이들은 거인의 정원에 가서 놀곤 했다. 거인의 정원은 부드러운 잔디와 아름다운 꽃들로 채워진 크고 사랑스러운 정원이었다. 아이들은 그곳에서 아주 행복한 시간을 보냈다. 어느 날, 거인이 자신의 친구네 집 방문을 끝내고 돌아와서 아이들이 그의 정원에서 놀고 있는 것을 보았다. "너희 뭐하니?" 그가 화가 난 목소리로 외쳤고 아이들은 도망갔다. "나의 정원은 나만의 정원이야." 거인이 말했다. "나는 나 이외에 그 누구도 내 정원에 들어오는 것을 허락하지 않을거야." 그래서 그는 정원 주변에 높은 담을 쌓았다.

29. 거인에 대해서 우리는 어떻게 말할 수 있습니까?

(A) 그는 이기적이다.

(B) 그는 다정하다.

(C) 그는 아이들을 사랑한다.

(D) 그는 그의 여정으로부터 지쳐서 너무나도 피곤하다.

30. 왜 거인이 그의 정원 주변에 높은 담을 쌓았습니까?

(A) 그는 그의 정원이 흉측하다고 생각했기 때문에

(B) 그는 그의 친구를 만나기 위해서 그의 정원을 떠나야 했기 때문에

(C) 그가 그의 정원에 아이들을 가두고 싶었기 때문에

(D) 그는 아이들이 자신의 정원으로 들어가는 것을 원하지 않았기 때문에

풀이 지문에서 거인은 자신의 정원에 아이들이 오지 않는 것을 원하고 자신만이 자신의 정원에 들어갈 수 있어야 한다고 주장하고 있다. 그래서 그는 자신의 정원 주변에 담을 둘렀다고 이야기하고 있으므로 30번의 정답은 (D)이고 그가 매우 이기적이라는 것을 알 수 있다. 따라서 29번의 정답은 (A)이다.

Words and Phrases selfish 이기적인 friendly 친근한
used to V V하곤 했다 grass 풀 soft 부드러운
giant 거인 voice 목소리 run away 도망가다
garden 정원

TOSEL JUNIOR

실전2회

Section I Listening and Speaking

1 (C)	2 (D)	3 (B)	4 (C)	5 (A)
6 (B)	7 (C)	8 (C)	9 (A)	10 (D)
11 (C)	12 (B)	13 (A)	14 (C)	15 (C)
16 (B)	17 (A)	18 (B)	19 (A)	20 (A)
21 (D)	22 (A)	23 (D)	24 (B)	25 (C)
26 (D)	27 (B)	28 (C)	29 (B)	30 (D)

Section II Reading and Writing

1 (A)	2 (A)	3 (D)	4 (A)	5 (B)
6 (A)	7 (C)	8 (B)	9 (A)	10 (A)
11 (B)	12 (B)	13 (C)	14 (B)	15 (C)
16 (D)	17 (C)	18 (A)	19 (A)	20 (D)
21 (D)	22 (C)	23 (D)	24 (A)	25 (B)
26 (C)	27 (B)	28 (C)	29 (D)	30 (A)

Section I Listening and Speaking

Part A. Listen and Respond (p. 35)

1. Boy: Do you want some cake?
   Girl: _____
       (A) I will.
       (B) No, I can't.
       (C) Yes, please.
       (D) No, I want.

해석 소년: 케이크 좀 먹을래?
       소녀: _____
       (A) 나는 먹을 거야.
       (B) 아니, 나는 먹지 못해.
       (C) 응, 좀 줘.
       (D) 어색한 표현

풀이 소년의 케이크를 좀 먹겠냐는 do 의문문에 대해 소녀가 Yes or No로 대답한 뒤 do나 일반동사를 직접 이용해 대답하는 것이 적절하다. 따라서 답은 (C)이다.

2. Girl: I want to be a science teacher when I'm older.
   Boy: _____

       (A) Are you a scientist?
       (B) I want to go to school.

(C) Do we have a new teacher?

(D) I think that's a great idea.

해석 소녀: 내가 나이가 들면 나는 과학 선생님이 되고 싶어.

소년: _____

(A) 너는 과학자니?

(B) 나는 학교에 가고 싶어.

(C) 우리가 새로운 선생님을 맞이하니?

(D) 그것 참 좋은 생각인 것 같다.

풀이 소녀가 자신의 장래희망이 과학 선생님이라고 말했으므로 이에 대한 대답으로 가장 적절한 것은 소녀의 생각에 대해 동조를 표현하는 (D)이다.

Words and Phrases scientist 과학자

3. Boy: Where would you like to go?

Girl: _____

(A) I can't go.

(B) I'd like to go to China.

(C) She likes New Zealand.

(D) I like to go at night.

해석 소년: 너 어디에 가고 싶니?

소녀: _____

(A) 나는 갈 수 없어.

(B) 나는 중국에 가고 싶어.

(C) 그녀는 뉴질랜드를 좋아해.

(D) 나는 밤에 가고 싶어.

풀이 소년이 소녀에게 어디에 가고 싶은지 물었으므로 중국에 가고 싶다는 (B)가 정답이다.

Words and Phrases China 중국 New Zealand 뉴질랜드

4. Girl: Do you like Mandy's new glasses?

Boy: _____

(A) I need eye glasses.

(B) She doesn't need glasses.

(C) Yes. They look nice on her.

(D) No, I have a new pair for reading.

해석 소녀: 너는 Mandy의 새 안경이 마음에 드니?

소년: _____

(A) 나는 안경이 필요해.

(B) 그녀는 안경이 필요하지 않아.

(C) 응. 그녀에게 안경이 잘 어울려.

(D) 아니, 나는 독서를 하기 위한 새 안경이 있어.

풀이 Mandy의 새 안경이 마음에 드냐는 물음에 마음에 들고 잘 어울린다고 대답하는 (C)가 정답이다.

Words and Phrases glasses 안경 reading 독서

5. Boy: Why isn't Greg at school today?

Girl: _____

(A) He is sick.

(B) He is very tall.

(C) He likes sports.

(D) He likes to go to school.

해석 소녀: 왜 Greg이 오늘 학교에 오지 않았니?

소녀: _____

(A) 그는 아파.

(B) 그는 키가 매우 커.

(C) 그는 운동을 좋아해.

(D) 그는 학교에 가는 것을 좋아해.

풀이 왜 Greg이 학교에 오늘 오지 않았냐는 소년의 물음에 아프다고 대답하는 (A)가 정답이다.

Words and Phrases school 학교 tall 키가 큰 sports 운동

6. Girl: How often do you go to music lessons?

Boy: _____

(A) As usual.

(B) Every day.

(C) For good.

(D) At lunch time.

해석 소녀: 너는 얼마나 자주 음악 수업을 듣니?

소년: _____

(A) 평소대로.

(B) 매일.

(C) 영원히.

(D) 점심 시간에.

풀이 소녀의 '얼마나 자주' 라는 빈도를 묻는 질문에 대해서 가장 적절한 대답은 빈도수를 이야기하는 (B)이다.

Words and Phrases often 자주 how often ~ 얼마나 자주

music 음악 lesson 수업 as usual 평소대로

7. Boy: Did you study for your test?

Girl: _____

(A) Yes, I do.

(B) No, I don't.

(C) Yes, I studied.

(D) No, I shouldn't.

해석 소년: 너는 너의 시험 공부를 했니?

소녀: _____

(A) 응, 나는 하고 있어.

(B) 아니, 나는 하고 있지 않아.

(C) 응, 나는 공부를 했어.

(D) 아니, 나는 하지 않아야 해.

풀이 너의 시험을 위해서 공부를 했냐는 과거의 행동을 묻는 표현에 대한 대답으로 가장 적절한 것은 동사의 과거형을 사용한 (C)이다.

Words and Phrases study 공부하다 test 시험

8. Girl: Whose shoes are those?

Boy: _____

(A) That is mine.

(B) They are brown.

(C) They are my sister's.

(D) There are many shoes.

해석 소녀: 저 신발은 누구의 신발이니?

소년: _____

(A) 그것은 나의 것이야.

(B) 그것들은 갈색이야.

(C) 그것들은 나의 여동생의 것이야.

(D) 많은 신발이 있어.

풀이 질문에 대한 대답으로 (D)는 문맥에 어울리지 않기 때문에 정답이 될 수 없고 (A)는 신발이라는 복수형으로 쓰이는 표현에 대해 단수형(that)으로 받았기 때문에 수 일치에서 어긋난다. (C)는 수 일치와 whose 의문사에 대한 대답으로 가장 잘 어울리기 때문에 정답은 (C)이다.

Words and Phrases shoes 신발 mine 나의 것

9. Boy: What does she look like?
   Girl: _____
   (A) She is tall and beautiful.
   (B) She is a soccer player.
   (C) She likes to watch TV.
   (D) She looks at her mother.

해석 소년: 그녀는 외모가 어떻니?
   소녀: _____
   (A) 그녀는 키가 크고 예뻐.
   (B) 그녀는 축구 선수야.
   (C) 그녀는 텔레비전을 보는 것을 좋아해.
   (D) 그녀는 그녀의 엄마를 봐.

풀이 소년은 그녀라는 대상의 생김새에 대해 묻고 있으므로 (A)가 정답이다.

Words and Phrases look at~ ~을 바라보다 soccer 축구

10. Girl: What's your favorite season?
    Boy: _____
    (A) I really like it.
    (B) I like morning.
    (C) My favorite is basketball.
    (D) I like spring.

해석 소녀: 네가 가장 좋아하는 계절은 무엇이니?
    소년: _____
    (A) 나는 그것을 정말 좋아해.
    (B) 나는 아침을 좋아해.
    (C) 내가 가장 좋아하는 것은 농구야.
    (D) 나는 봄을 좋아해.

풀이 소녀가 소년에게 가장 좋아하는 계절을 물어보기 때문에 소년의 대답으로 가장 적절한 것은 (D)이다.

Words and Phrases favorite 가장 좋아하는 season 계절 morning 아침

Part B. Listen and Retell (p. 36)

11. Boy: Can Maria play volleyball?
    Girl: No, she isn't good at sports.
    Boy: My mom said she is a good singer.
    Question: What is Maria good at?
    (A) reading
    (B) sports
    (C) singing
    (D) shopping

해석 소년: Maria는 배구를 할 수 있니?
    소녀: 아니, 그녀는 운동을 잘하지 못해.
    소년: 우리 엄마는 그녀가 훌륭한 가수라고 말했어.
    질문: Maria가 잘하는 것은 무엇입니까?
    (A) 독서

(B) 운동
(C) 노래하기
(D) 쇼핑하기

풀이 Maria가 잘하는 것에 대해 파악하는 문제로 소년의 마지막 말을 통해서 노래를 잘 한다는 것을 알 수 있다.

Words and Phrases be good at~ ~을 잘한다 singing 노래하기
shopping 쇼핑하기

12. Girl: What do you have in your hand?
    Boy: They're tickets for the new movie tonight.
    Girl: What movie?
    Question: Where will the boy go tonight?
    (A) a school
    (B) a theater
    (C) a restaurant
    (D) a supermarket

해석 소녀: 네가 손에 들고 있는 것은 무엇이니?
    소년: 오늘 밤 새로운 영화에 대한 티켓이야.
    소녀: 무슨 영화인데?
    질문: 소년은 오늘 저녁에 어디를 갈 것입니까?
    (A) 학교
    (B) 영화관
    (C) 음식점
    (D) 슈퍼마켓

풀이 소년이 손에 새로 나오는 영화 티켓을 가지고 있다고 했으므로 소년이 오늘 저녁에 갈 곳은 영화관임을 알 수 있다. 따라서, 정답은 (B)이다.

Words and Phrases theater 영화관 ticket 티켓 tonight 오늘 밤

13. Boy: Who is that man next to your father?
    Girl: He's my father's brother.
    Boy: They look so much alike!
    Question: Who is next to the girl's father?
    (A) the girl's uncle
    (B) the girl's cousin
    (C) the girl's brother
    (D) the girl's nephew

해석 소년: 너의 아버지 옆에 있는 남자는 누구니?
    소녀: 그는 나의 아버지의 형이야.
    소년: 그들은 정말 닮았어!
    질문: 소녀의 아버지의 옆에 있는 사람은 누구입니까?
    (A) 소녀의 삼촌
    (B) 소녀의 사촌
    (C) 소녀의 오빠/남동생
    (D) 소녀의 조카

풀이 소년이 묻는 질문에 대해 소녀는 자신의 아버지 옆에 있는 사람이 아버지의 형이라고 이야기 하고 있기 때문에 삼촌이 정답이다.

Words and Phrases uncle 삼촌 cousin 사촌 nephew 조카 alike 닮은
next to~ ~옆에

14. Girl: My mom is picking up my brother at school.
    Boy: What time will she be back?
    Girl: In thirty minutes.
    Question: Where did the girl's mom go?

(A) a park
(B) a home
(C) a school
(D) a meeting

해석 소녀: 나의 엄마는 학교로 오빠를 데리러 갔어.
　　　소년: 그녀는 언제 돌아오셔?
　　　소녀: 30분 안에.
　　　질문: 소녀의 엄마는 어디에 갔습니까?
　　　(A) 공원
　　　(B) 집
　　　(C) 학교
　　　(D) 회의

풀이 소녀의 어머니는 소녀의 오빠를 데리러 학교에 갔다고 이야기하고 있으므로 정답은 (C)이다.

Words and Phrases pick up 데리러 가다 home 집 meeting 회의
　　　　　　　　　park 공원

15. Boy: We are still in the middle of May.
　　Girl: I know. We have another month until summer vacation.
　　Boy: What are you doing for this summer?
　　Question: When does the summer vacation start?
　　(A) April
　　(B) May
　　(C) June
　　(D) July

해석 소년: 아직도 5월 중순이야.
　　　소녀: 나도 알아. 우리는 여름방학까지 한 달 정도가 남았어.
　　　소년: 이번 여름에 무엇을 할 거니?
　　　질문: 여름 방학은 언제 시작합니까?
　　　(A) 4월
　　　(B) 5월
　　　(C) 6월
　　　(D) 7월

풀이 소년이 현재는 5월 중순이라고 했고 소녀가 여름방학이 시작하기 전까지는 한 달 정도가 남았다고 했으므로 여름방학이 시작되는 때는 6월 중순임을 알 수 있다. 따라서 정답은 (C)이다.

Words and Phrases middle 중간 May 5월 vacation 방학 start 시작하다
　　　　　　　　　June 6월 July 7월

16. Girl: What time is it?
　　Boy: A quarter to three.
　　Girl: We have soccer practice in fifteen minutes.
　　Question: What time is the soccer practice?
　　(A) at 2:45
　　(B) at 3:00
　　(C) at 3:15
　　(D) at 3:30

해석 소녀: 몇 시니?
　　　소년: 3시 15분 전이야.
　　　소녀: 우리는 15분 후에 축구 경기 연습이 있어.
　　　질문: 축구 연습은 몇 시에 있습니까?
　　　(A) 2시 45분
　　　(B) 3시

(C) 3시 15분
(D) 3시 30분

풀이 지금은 3시 15분 전인데 소녀가 축구 연습이 15분 후에 있을 것이라고 말하고 있으므로 축구 연습이 있는 시간은 3시임을 알 수 있다. 따라서 정답은 (B)이다.

Words and Phrases quarter 4분의 1(시간에서는 15분)
　　　　　　　　　quarter to ~ ~시 15분 전 practice 연습

17. Boy: Did you watch the cartoon?
　　Girl: Yes. I watch it every night.
　　Boy: I prefer to watch sports on TV.
　　Question: What does the boy like to watch more on TV?
　　(A) sports
　　(B) news
　　(C) cartoons
　　(D) comedies

해석 소년: 너 만화 봤니?
　　　소녀: 응. 나는 그것을 매일 밤마다 봐.
　　　소년: 나는 텔레비전으로 스포츠를 보는 것을 더 선호해.
　　　질문: 소년이 텔레비전에서 보기 좋아하는 것은 무엇입니까?
　　　(A) 스포츠
　　　(B) 뉴스
　　　(C) 만화
　　　(D) 코미디

풀이 소년은 텔레비전으로 만화보다 스포츠를 보는 것을 더 좋아한다고 이야기하고 있으므로 정답은 (A)이다.

Words and Phrases watch 시청하다, 보다 night 밤 cartoon 만화

[18-19]
Girl: Dear Ed.
　　　I've been in Thailand for a week and the weather is amazing. On the first night here, I stayed in the capital city of Bangkok. The streets were busy. I even saw an elephant on the sidewalk. I did some shopping for my parents. Now, I'm on the island of Phuket. I spent most of my time on the beach. The food here is delicious. My favorite is the spicy noodle dish. Tomorrow, I'm going to try scuba diving! I will write you again soon! Take care.

18. Which island is the girl staying on?
　　(A) Fiji
　　(B) Phuket
　　(C) Bangkok
　　(D) Thailand

19. What is she going to try tomorrow?
　　(A) scuba diving
　　(B) riding an elephant
　　(C) tasting a spicy noodle dish
　　(D) buying presents for her parents

해석 소녀: 나의 친구 Ed에게.
　　　　　나는 1주 동안 태국에 있었고 날씨가 아주 좋아. 여기 온 첫날 밤에,
　　　　　나는 방콕이라는 수도에 머물렀어. 거리는 매우 붐볐어. 나는 심지

어 인도에서 코끼리까지 봤어. 나는 나의 부모님을 위해서 쇼핑을 좀 했어. 지금, 나는 푸켓 섬에 있어. 나는 내 시간의 대부분을 해변에서 보냈어. 여기 음식은 맛있어. 내가 가장 좋아하는 음식은 양념 맛이 강한 국수 요리야. 내일 나는 스쿠버 다이빙을 할 거야! 내가 곧 다시 너에게 편지를 쓸게! 잘 지내!

18. 소녀가 머무르고 있는 섬은 어디입니까?

(A) 피지

(B) 푸켓

(C) 방콕

(D) 태국

19. 그녀가 내일 할 것은 무엇입니까?

(A) 스쿠버 다이빙

(B) 코끼리 타기

(C) 양념 맛이 강한 국수 음식 맛보기

(D) 그녀의 부모님을 위한 선물 사기

풀이 소녀가 현재 있는 곳은 푸켓이라고 했기 때문에 18번의 정답은 (B)이다.
소녀가 내일 할 것은 스쿠버다이빙이므로 19번의 정답은 (A)이다.

Words and Phrases capital city 수도 street 길 sidewalk 인도
island 섬 delicious 맛있는 spicy 매운, 양념 맛이
강한 noodle 국수 scuba diving 스쿠버 다이빙

[20-21]

Boy: I had such a wonderful birthday party yesterday. Many friends from school came to my house and we all ate lots of delicious food like chocolate cake and spaghetti. Mom and Dad took lots of pictures of us having fun at the party. I got many great presents from everyone. One of my best friends, Lizzie, gave me a pretty blue shirt and I even wore it to school today.

20. What did the boy and his friends NOT do at the party?

(A) They drew pictures.

(B) They had fun at the party.

(C) Everyone gave him presents.

(D) They ate lots of delicious food.

21. What did he wear to school?

(A) red pants

(B) a blue coat

(C) red shoes

(D) a blue shirt

해석 소년: 나는 어제 멋진 생일 파티를 했다. 많은 학교 친구들이 나의 집에 왔고 우리 모두는 함께 초콜릿 케이크와 스파게티와 같은 아주 많은 맛있는 음식들을 먹었다. 엄마와 아빠는 파티를 즐기는 우리의 사진을 많이 찍었다. 나는 모두로부터 많은 훌륭한 선물들을 받았다. 나의 가장 친한 친구인 Lizzie는 나에게 예쁜 파란색 셔츠를 줬고 나는 그것을 오늘 학교에 입고 갔다.

20. 소년과 소년의 친구들이 파티에서 하지 않은 것은 무엇입니까?

(A) 그들은 그림을 그렸다.

(B) 그들은 파티를 즐겼다.

(C) 모두들 그에게 선물을 주었다.

(D) 그들은 맛있는 음식들을 많이 먹었다.

21. 소년이 학교에 입고 간 것은 무엇입니까?

(A) 빨간색 바지

(B) 파란색 코트

(C) 빨간색 신발

(D) 파란색 셔츠

풀이 소년은 친구들이 자신의 생일에 와서 재미있게 놀고, 맛있는 음식을 먹었으며 모두들 자신에게 선물을 줬다고 했으므로 20번의 정답은 (A)이다.
소년의 가장 친한 친구인 Lizzie가 준 파란색 셔츠를 오늘 학교에 입고 갔다고 이야기하고 있으므로 21번의 정답은 (D)이다.

Words and Phrases wonderful 경이로운, 아름다운, 놀라운, 훌륭한
have fun 즐기다 wear 입다

[22-23]

Woman: Welcome to the channel five weather report. You have a great week ahead. It will be hot and sunny all week. Wednesday is a great day to go to the beach. But on the weekend there will be lots of rain. Saturday would be a great day to see that new movie about the penguins. Have a great week!

22. What day is NOT good to go to the beaches?

(A) Sunday

(B) Monday

(C) Wednesday

(D) Thursday

23. What is the new movie about?

(A) the weather

(B) the pigeons

(C) the weekend

(D) the penguins

해석 여자: 5번 채널의 일기예보로 와주셔서 감사합니다. 당신은 멋진 한 주를 앞두고 있군요. 이번 주 평일 내내 덥고 날씨가 맑을 것입니다. 수요일은 해변으로 가기에 좋은 날씨입니다. 그러나 주말에는 많은 비가 내릴 것입니다. 토요일은 펭귄에 관한 새로운 영화를 보기에 좋은 날일 것입니다. 좋은 한 주 보내세요!

22. 해변에 가기 좋지 않은 날은 언제입니까?

(A) 일요일

(B) 월요일

(C) 수요일

(D) 목요일

23. 새로운 영화는 어떤 것에 관한 영화입니까?

(A) 날씨

(B) 비둘기

(C) 주말

(D) 펭귄

풀이 주말에는 비가 많이 올 것이라고 했기 때문에 22번의 정답은 (A)이다.
토요일은 새로 나오는 펭귄에 관한 영화를 보기에 좋은 날이라고 하고 있으므로 23번의 정답은 (D)이다.

Words and Phrases weather report 일기 예보 ahead 앞서, 미리
beach 해변 week 평일 weekend 주말

penguin 펭귄

[24-25]

Boy: Sea lions are bigger than seals. Sea lions usually lie in the sand or on rocks. Adult males are called bulls. They are dark brown to black. They can grow up to two meters. Adult females are called cows. They are a lighter brown color. Bulls are much larger than cows, sometimes weighing twice as much.

24. What is the male sea lion called?
   (A) seal
   (B) bull
   (C) cow
   (D) pup

25. What animal is the biggest?
   (A) a male seal
   (B) a female seal
   (C) a male sea lion
   (D) a female sea lion

해석 소년: 바다 사자는 물개보다 크다. 바다사자는 대개 모래나 바위 위에 누워 있다. 다 자란 수컷들은 'bull(다 큰 동물의 수컷)'이라고 불린다. 그들은 어두운 갈색에서 검정색까지의 색깔을 가지고 있다. 그들은 2미터까지 자랄 수 있다. 다 자란 암컷들은 'cow(다 큰 동물의 암컷)'라고 불린다. 그들은 밝은 갈색이다. 다 자란 성인 수컷들은 다 자란 암컷들보다 크기가 훨씬 크고 때때로 무게도 2배나 나간다.

24. 다 자란 수컷 바다사자들은 어떻게 불립니까?
(A) 물개
(B) 다 큰 동물의 수컷
(C) 다 큰 동물의 암컷
(D) 동물 새끼

25. 어떤 동물이 가장 큽니까?
(A) 수컷 물개
(B) 암컷 물개
(C) 수컷 바다사자
(D) 암컷 바다사자

풀이 지문에 따르면 다 자란 수컷 바다사자를 'bull'이라고 부른다고 하고 있으므로 24번의 정답은 (B)이다.
바다사자가 물개보다 더 크고 또 바다사자 내에서도 다 자란 수컷 바다사자가 암컷 바다사자보다 크기가 크다고 하고 있으므로 가장 큰 동물은 수컷 바다 사자이다. 그러므로 25번의 정답은 (C)이다.
Words and Phrases male 수컷 bull 다 큰 동물의 수컷 female 암컷
cow 다 큰 동물의 암컷 pup 새끼 animal 동물
large 크기가 큰 sea lion 바다사자 seal 물개

Part C. Listen and Speak (p. 40)

26. Girl: I need an aspirin.
   Boy: Why?
   Girl: I have a toothache.
   Boy: _____
   (A) My teeth are clean.
   (B) I want two aspirins.
   (C) You need an eye doctor.
   (D) You'd better see a dentist.

해석 소녀: 나는 아스피린이 필요해.
소년: 왜?
소녀: 치통이 있어.
소년: _____
(A) 나의 이는 깨끗해.
(B) 나는 두 개의 아스피린을 원해.
(C) 너는 안과의사가 필요해.
(D) 너는 치과의사를 만나보는 게 좋겠어.
풀이 소녀가 치통 때문에 아스피린이 필요하다고 하고 있으므로 소년이 치과 의사 선생님을 만나는 것이 좋겠다는 (D)가 가장 적절하다.
Words and Phrases dentist 치과 의사 doctor 의사 teeth 이
had better V V하는 것이 좋겠다 aspirin 아스피린

27. Boy: Is your sister here yet?
   Girl: No, she is not.
   Boy: I thought she would be here by 5 o'clock.
   Girl: _____
   (A) Trains are very fast.
   (B) She missed her train.
   (C) Our journey is very long.
   (D) Tickets are very expensive.

해석 소년: 너의 동생이 여기에 있니?
소녀: 아니, 그녀는 여기에 없어.
소년: 나는 그녀가 여기에 5시쯤 올 것이라고 생각했는데.
소녀: _____
(A) 기차는 정말 빨라.
(B) 그녀는 그녀의 기차를 놓쳤어.
(C) 우리의 여정은 정말 길어.
(D) 티켓이 너무 비싸.
풀이 소녀의 동생이 아직 안 온 이유를 이야기하는 것이 가장 자연스러우므로 정답은 (B)이다.
Words and Phrases train 기차 yet 아직 journey 여행

28. Girl: Do you like the new ice cream shop?
   Boy: Yes, they have a lot of different flavors.
   Girl: Which flavor do you like the most?
   Boy: _____
   (A) Ice cream is the best.
   (B) Let's go and eat one now.
   (C) Strawberry is my favorite.
   (D) I like the old ice cream shop better.

해석 소녀: 너는 새로운 아이스크림 가게를 좋아하니?

소년: 응, 거기에는 엄청나게 다양한 종류의 맛들이 있어.

소녀: 어떤 맛을 너는 가장 좋아하니?

소년: _____

(A) 아이스크림이 최고야.

(B) 지금 가서 하나 먹자.

(C) 딸기가 내가 가장 좋아하는 맛이야.

(D) 나는 오래된 아이스크림 가게를 더 좋아해.

풀이 소녀가 어떤 맛을 가장 좋아하냐고 묻고 있으므로 소년이 자신이 좋아하는 맛에 대해 이야기 하는 (C)가 적절하다.

Words and Phrases different 다른, 다양한 flavor 맛, 향

29. Boy: I need a bandage.
Girl: What happened?
Boy: I fell off my bike.
Girl: Did you cut yourself?
Boy: _____

(A) My bike is new.

(B) Yes, I cut my knee.

(C) I'm wearing a helmet.

(D) Yes, but the bike is broken.

해석 소년: 나는 반창고가 필요해.

소녀: 무슨 일이야?

소년: 자전거에서 떨어졌어.

소녀: 베었니?

소년: _____

(A) 나의 자전거는 새거야.

(B) 응, 나는 나의 무릎을 베었어.

(C) 나는 헬멧을 쓰고 있어.

(D) 그래, 그러나 자전거는 부서졌어.

풀이 소년이 반창고가 필요한 이유에 대해 소녀가 베었는지 물어봤으므로 이에 대한 대답을 하는 (B)가 정답이다.

Words and Phrases bandage 반창고 bike 자전거 cut 자르다, 베다 new 새로운, 새것

30. Girl: I think I forgot my bag here yesterday.
Boy: What color was your bag?
Girl: It was black.
Boy: I think the teacher found it.
Girl: _____

(A) Never buy bags.

(B) The teacher has many bags.

(C) Sure, my teacher likes black bags.

(D) Thanks, I will get it from the teacher.

해석 소녀: 내 생각에는 어제 여기에 내 가방을 깜박하고 두고간 것 같아.

소년: 네 가방은 무슨 색이야?

소녀: 검정색이야.

소년: 선생님이 그것을 찾으셨던 것 같아.

소녀: _____

(A) 절대 가방을 사지마.

(B) 선생님은 많은 가방들을 가지고 있어.

(C) 물론, 나의 선생님은 검정 가방을 좋아하셔.

(D) 고마워, 나는 선생님께 내 가방을 받아 올게.

풀이 가방을 두고갔다고 한 소녀의 말에 소년이 그것을 선생님이 찾은 것을 알고 있다고 말했으므로 소녀가 선생님께 가방을 가지러 간다고 하는 말인 (D) 가 정답이다.

Words and Phrases forget 잊다, 깜박하다 color 색깔 find 찾다

Section II Reading and Writing

Part A. Sentence Completion (p. 43)

1. A: That videogame is expensive.
   B: I don't care. I will _____ it anyway.
   (A) buy
   (B) bought
   (C) buying
   (D) to buy

해석 A: 저 비디오 게임은 비싸.

B: 난 상관 없어. 난 어쨌든 그걸 살 거야.

(A) 사다 (동사원형)

(B) 샀다 (과거형)

(C) 사는 것 (동명사)

(D) 사기 위해 (to부정사)

풀이 미래를 나타내는 조동사 will은 동사원형과 함께 쓰여야하므로 (A)가 정답이다.

Words and Phrases expensive 비싼 anyway 어쨌든 buy 사다 (buy-bought-bought)

2. A: Will you help me move these boxes?
   B: I can _____ they are not too heavy.
   (A) if
   (B) so
   (C) and
   (D) but

해석 A: 이 상자들 옮기는 것을 좀 도와줄래?

B: 만약 그것들이 너무 무겁지만 않다면 할 수 있어.

(A) 만약

(B) 그래서

(C) 그리고

(D) 그러나

풀이 상자들이 무겁지 않은 경우 도와줄 수 있다는 응답으로 '만약 ~하다면'의 (A)가 가장 적절하다.

3. A: You are really good at swimming.
   B: Thanks. I _____ hard for a month.
   (A) practicing
   (B) was practice
   (C) will practice
   (D) have been practicing

해석 A: 넌 정말 수영을 잘하는구나.

B: 고마워. 한 달 동안 열심히 연습해오고 있거든.

(A) 연습하기

(B) 연습이었다

(C) 연습할 것이다

(D) 연습해오고 있다

풀이 한 달이라는 기간 동안 연습을 해왔다는 의미로 현재완료진행형인 (D)가 정답이다.

4. A: Is my favorite show on yet?

B: _____

(A) Yes, it is.

(B) Yes, they are.

(C) No, there aren't.

(D) No, you aren't.

해석 A: 내가 가장 좋아하는 쇼가 시작했니?

B: 응. 그래.

(A) 응, 그것은 그래.

(B) 응, 그것들은 그래.

(C) 아니, 거기에 없어.

(D) 아니, 넌 아니야.

풀이 쇼가 시작했는지 묻는 질문에 적절한 응답은 (A)이다. (B)는 'show'가 단수임에도 불구하고 'they'를 썼고, (C)와 (D)는 틀린 주어를 사용했기에 정답이 될 수 없다.

5. A: _____ do you like the food?

B: The meal is excellent, thank you.

(A) Who

(B) How

(C) When

(D) Where

해석 A: 음식이 어떠니?

B: 아주 훌륭해. 고마워

(A) 누가

(B) 어떤

(C) 언제

(D) 어디

풀이 B가 음식이 훌륭하다고 대답한 것에서 A가 음식이 어떤지 물어보았음을 알 수 있으므로 (B)가 정답이다.

Part B. Situational Writing (p. 44)

6. Tony got the _____ medal.

(A) gold

(B) silver

(C) glass

(D) lace

해석 Tony는 금메달을 땄다.

(A) 금

(B) 은

(C) 유리

(D) 레이스

풀이 그림에서 소년은 금메달을 메고 있으므로 (A)가 정답이다.

Words and Phrases get 획득하다 glass 유리

7. I'm _____ for my friend's birthday.

(A) buying a bowl

(B) working at a game

(C) making a cake

(D) opening a can

해석 나는 나의 친구 생일을 위해 케이크를 만들고 있는 중이다.

(A) 그릇을 사고 있는

(B) 경기에서 일하고 있는

(C) 케이크를 만들고 있는

(D) 캔을 따고 있는

풀이 그림을 보면 반죽을 젓고 있는 모습이 나와있으므로, 케이크를 위한 반죽을 만들고 있는 것임을 추론할 수 있다. 따라서 정답은 (C)이다.

Words and Phrases work at ~에서 일하다

8. Would you like _____ pizza?

(A) a jug of

(B) a slice of

(C) a bottle of

(D) a packet of

해석 한 조각의 피자를 원하니?

(A) 한 주전자의

(B) 한 조각의

(C) 한 병의

(D) 한 꾸러미의

풀이 그림에 피자 한 조각이 있으므로 정답은 (B)이다.

Words and Phrases jug 주전자 slice (얇게 썬)조각 bottle 병
packet 꾸러미

9. My cousin is a _____ artist.

(A) trapeze

(B) juggling

(C) unicycle

(D) tightrope

해석 나의 사촌은 공중그네 예술가이다.

(A) 공중그네

(B) 저글링

(C) 외발자전거

(D) 줄타기

풀이 그림에서 여자가 공중그네를 타고 있으므로 정답은 (A)이다.

Words and Phrases trapeze 공중그네 artist 예술가 cousin 사촌
juggle 저글링하다 unicycle 외발자전거
tightrope 줄타기

10. The chef is holding a _____.

(A) ladle

(B) whisk

(C) grater

(D) spatula

해석 요리사는 국자를 들고 있다.
  (A) 국자
  (B) 거품기
  (C) 강판
  (D) (납작한)주걱
풀이 그림에서 요리사가 국자를 들고 있으므로 정답은 (A)이다.
Words and Phrases   chef 요리사 hold 들고있다 ladle 국자 whisk 거품기
            grater 강판 spatula (납작한)주걱

PART C. Practical Reading and Retelling (p. 47)

[11-12]

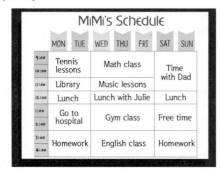

11. How long is this schedule for?
  (A) one day
  (B) a week
  (C) a month
  (D) a year

12. How many times does she go to hospital this week?
  (A) 1:00
  (B) twice
  (C) after lunch
  (D) Monday and Tuesday

해석 11. 이것은 얼마 동안의 계획표입니까?
  (A) 하루
  (B) 한 주
  (C) 한달
  (D) 일년

  12. 그녀는 이번 주에 병원을 몇 번 갑니까?
  (A) 1시
  (B) 두 번
  (C) 점심 후에
  (D) 월요일과 화요일

풀이 그림을 보면 이것은 한 주의 스케줄 표이므로 11번의 답은 (B)이다.
    그림을 보면 그녀는 월요일과 화요일 두 번 병원에 가므로 12번의 답은 (B)
    이다. 몇 번 가는지 횟수를 물었으므로 (D)는 답이 될 수 없다.

[13-14]

13. What can you NOT order?
  (A) peppers
  (B) extras
  (C) grape juice
  (D) a chicken sandwich

14. Which sandwich is the most expensive?
  (A) the tuna
  (B) the chicken
  (C) the cheddar
  (D) the ham and cheese

해석 13. 주문할 수 없는 것은 무엇입니까?
  (A) 후추
  (B) 추가된 것
  (C) 포도 주스
  (D) 치킨 샌드위치

  14. 가장 비싼 샌드위치는 무엇입니까?
  (A) 참치
  (B) 치킨
  (C) 체다 치즈
  (D) 햄치즈

풀이 표에 나오는 걸로 보아 보기에 나온 것들은 메뉴에 있지만 포도 주스는 없
    으므로 13번의 정답은 (C)이다.
    표에 따르면 치킨 샌드위치가 $3.50으로 가장 비싼 음식이므로 14번의 답은
    (B)이다.
Words and Phrases   pepper 후추 dish 접시 tuna 참치 Cheddar 체다치즈

[15-16]

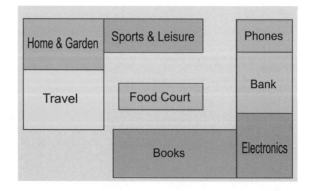

15. What can I buy at this mall?
  (A) a car
  (B) a piano
  (C) a basketball
  (D) a movie ticket

16. Where is the food court?
  (A) in the bank
  (B) on the corner of Phones
  (C) next to Home & Garden
  (D) in the middle of the mall

해석　15. 이 쇼핑몰에서 살 수 있는 것은 무엇입니까?
  (A) 차
  (B) 피아노
  (C) 농구공
  (D) 영화 표

  16. 푸드 코트는 어디에 있습니까?
  (A) 은행 안에
  (B) 전화기 상점의 모퉁이에
  (C) 집 & 정원 옆에
  (D) 쇼핑몰 중앙에

풀이　그림에 나오는 걸로 보아 '운동 & 여가'에서 농구공을 살 수 있으므로 15번의 정답은 (C)이다.
푸드 코트는 쇼핑몰 중앙에 있으므로 16번의 정답은 (D)이다.

[17-18]

Number of students who save more than $2,000

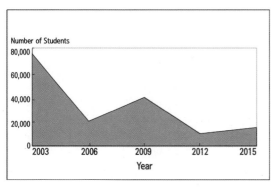

17. When did the fewest number of students save more than $2,000?
  (A) 2003
  (B) 2006
  (C) 2012
  (D) 2015

18. When did 75,000 students save more than $2,000?
  (A) 2003
  (B) 2006
  (C) 2009
  (D) 2012

해석　17. $2,000보다 더 저축한 학생들의 수가 가장 적은 때가 언제입니까?

(A) 2003
(B) 2006
(C) 2012
(D) 2015

18. 언제 75,000명의 학생들이 $2000보다 더 저축했습니까?
(A) 2003
(B) 2006
(C) 2009
(D) 2012

풀이　위에 그래프에 나오는 걸로 보아 가장 낮은 학생 수를 기록한 때는 2012년
이므로 17번의 답은 (C)이다.
2003년도에 75,000명의 학생들이 $2,000보다 더 저축했으므로
18번의 답은 (A)이다.

Words and Phrases savings 저축한 돈

[19-20]

How to Make a Kite

Step 1
Take two sticks and make a cross. Tie or glue the sticks together.
Step 2
Make a hole in one of the sticks. Tie a very long piece of string to it.
Step 3
Cut the paper into a diamond shape, big enough to cover the sticks. Glue it onto the sticks.
Step 4
Make a tail for the kite by tying ribbons to the string.
Step 5
Decorate it!

19. What do you need to make a kite?
  (A) You need string and sticks.
  (B) You need a handkerchief.
  (C) You need your teacher.
  (D) You need a book and crayons.

20. What shape should you cut the paper into?
  (A) a cross
  (B) a circle
  (C) a triangle
  (D) a diamond

해석　연 만드는 방법
단계 1: 2개의 막대로 십자가를 만들어라. 막대를 서로 묶거나 풀칠해라.
단계 2: 막대 중 하나에 구멍을 만들어라. 거기에 아주 긴 실을 묶어라.
단계 3: 막대를 덮을 정도로 크게 다이아몬드 모양으로 종이를 잘라라. 그것을 막대들에 붙여라.
단계 4: 실에 리본을 묶어서 연의 꼬리를 만들어라.
단계 5: 그것을 장식해라!

19. 연을 만들기 위해 무엇이 필요합니까?
(A) 실과 막대기가 필요하다.
(B) 손수건이 필요하다.
(C) 선생님이 필요하다.
(D) 책과 크레파스가 필요하다.

20. 종이를 어떤 모양으로 잘라야 합니까?

(A) 십자가

(B) 동그라미

(C) 세모

(D) 다이아몬드

풀이 만들 때는 실, 풀, 막대기가 필요하므로 19번의 정답은 (A)이다.

연을 만들 때 종이를 다이아몬드 모양으로 만들라고 하고 있으므로   20번의 정답은 (D)이다.

Words and Phrases   string 실 stick 막대기 handkerchief 손수건 cross 십자가 diamond 다이아몬드

Part D. General Reading and Retelling (p. 52)

[21-22]

Jerry has been in Australia for two years. He is going to university. He wants to be a doctor. He lives in a very small apartment. The apartment belongs to his grandparents. Tonight his friends invite him to a party. Jerry's sister is getting married to a man named Oliver. Oliver works part time with Jerry at a restaurant. They work long hours to help pay for university. Jerry is going to meet his sister at the train station at 7:00, then they will go to the party together. He doesn't want to be late or his sister will be mad!

21. How long has Jerry been in Australia?

(A) two days

(B) one week

(C) two months

(D) two years

22. Why can't Jerry be late to the train station?

(A) because he wants to go to the party

(B) because Oliver will be mad

(C) because his sister will be mad

(D) because he will be lost

해석 Jerry는 호주에서 2년 동안 살고 있다. 그는 대학에 갈 것이다. 그는 의사가 되기를 원한다. 그는 매우 작은 아파트에 살고 있다. 아파트는 그의 조부모님의 것이다. 오늘밤 그의 친구들이 그를 파티에 초대했다. Jerry의 누나는 Oliver라는 이름을 가진 남자와 결혼을 할 것이다. Oliver는 음식점에서 Jerry와 함께 아르바이트를 한다. 그들은 대학의 학비를 위해 긴 시간 동안 일한다. Jerry는 그의 누나를 7시에 기차역에서 만날 것이다. 그 다음에 그들은 함께 파티에 갈 것이다. 그는 늦고 싶지 않다 늦으면 그의 누나가 화날 것이다!

21. Jerry는 호주에서 얼마나 살았습니까?

(A) 2일

(B) 1주

(C) 2달

(D) 2년

22. 왜 Jerry가 기차역에 늦게 갈 수 없습니까?

(A) 그는 파티에 가기를 원하기 때문이다.

(B) Oliver가 화날 것이기 때문이다.

(C) 그의 누나가 화날 것이기 때문이다.

(D) 그는 길을 잃을 것이기 때문이다.

풀이 Jerry가 호주에서 산 기간은 2년이라고 제시되어 있으므로 21번의 정답은 (D)이다.

Jerry는 기차역에 가는데 있어서 Jerry가 늦게 되면 누나가 화날 것이기 때문에 늦고 싶지 않다고 이야기하고 있으므로 22번의 정답은 (C)이다.

Words and Phrases university 대학 doctor 의사 apartment 아파트 invite 초대하다 belong to ~ ~에게 속해있다, ~의 소유물이다 marry 결혼하다 mad 화난 station 역

[23-24]

The Simpsons live in a very beautiful house. Mr. Simpson forgot his key. He is knocking on the front door. Mrs. Simpson is looking out their big vegetable garden through the living room window. It has lettuce and tomatoes. Sometimes rabbits eat the lettuce and Mrs. Simpson gets mad! The Simpsons have a dog named Bud. He has a small dog house next to their house. His dog house is under a tree in the shade. The Simpsons and Bud all love their houses.

23. What did Mr. Simpson forget?

(A) lettuce

(B) Bud

(C) rabbits

(D) his key

24. What do the rabbits sometimes eat?

(A) lettuce

(B) Bud's food

(C) tomatoes

(D) trees

해석 Simpson 가족은 매우 아름다운 집에 산다. Simpson씨는 그의 열쇠를 잊었다. 그는 앞문을 두드리고 있다. Simpson 부인은 그들의 큰 채소 정원을 거실 창문을 통해 보는 중이다. 정원에는 상추, 토마토가 있다. 때때로 토끼들은 상추를 먹는데, 그러면 Simpson 부인은 매우 화가 난다! Simpson 가족은 Bud라는 이름의 강아지를 가지고 있다. 그들의 집 옆에는 작은 강아지 집이 있다. 그의 강아지 집은 그늘에 있는 나무 아래에 있다. Simpson 가족과 Bud는 모두 그들의 집을 사랑한다.

23. Simpson씨가 잊은 것은 무엇입니까?

(A) 상추

(B) Bud

(C) 토끼들

(D) 그의 열쇠

24. 토끼들이 때때로 먹는 것은 무엇입니까?

(A) 상추

(B) Bud의 음식

(C) 토마토

(D) 나무

풀이 Simpson씨가 열쇠를 가지고 오지 않아서 문을 두드리고 있다는 것을 알 수 있으므로 23번의 정답은 (D)이다.

글에서 토끼들이 때때로 Simpson씨의 정원에 있는 상추를 먹어서

Simpson 부인이 화가 난다고 했으므로 24번의 정답은 (A)이다.

Words and Phrases   lettuce 양상추   look out 살펴보다
knock 문을 두드리다, 노크하다   shade 그늘

[25-26]

Alex and his family love going to the zoo. They enjoy watching the lions, especially while they eat! Alex's sister hates seeing the snakes. They scare her. She doesn't want to go near them. Alex and his sister both like watching the gorillas. When Alex grows up he wants to be an animal trainer. Alex's father likes listening to the birds sing and watching them fly. Sometimes he goes bird watching and takes photos of the most beautiful birds.

25. What does Alex's sister hate seeing?
(A) the lions
(B) the snakes
(C) the birds
(D) the zoo

26. What does Alex want to be when he grows up?
(A) a photographer
(B) a lion hunter
(C) an animal trainer
(D) a bird breeder

해석 Alex와 그의 가족은 동물원에 가는 것을 좋아한다. 그들은 특히 사자들이 음식을 먹고 있는 동안에 사자를 보는 것을 즐긴다! Alex의 여동생은 뱀을 보는 것을 싫어한다. 뱀들은 Alex의 동생에게 겁을 준다. 그녀는 뱀 곁에 가는 것을 원치 않는다. Alex와 그의 여동생은 둘 다 고릴라를 보는 것을 좋아한다. Alex가 컸을 때 그는 동물 조련사가 되고 싶어한다. Alex의 아빠는 새가 노래하는 것을 듣는 것을 좋아하고 새들이 날아가는 것을 보는 것을 좋아한다. 때때로 그는 새를 보러 가고 가장 아름다운 새들의 사진을 찍는다.

25. Alex의 동생이 보는 것을 싫어하는 동물은 무엇입니까?
(A) 사자
(B) 뱀
(C) 새
(D) 동물원

26. Alex가 컸을 때 되고 싶어하는 것은 무엇입니까?
(A) 사진작가
(B) 사자 사냥꾼
(C) 동물 조련사
(D) 새 사육사

풀이 Alex의 동생이 보기를 싫어하고 무서워하는 동물은 뱀이라고 나와 있기 때문에 25번의 정답은 (B)이다.
Alex가 훗날 되고 싶은 것은 동물 조련사라고 나와 있기 때문에 26번의 정답은 (C)이다.

Words and Phrases   zoo 동물원   enjoy 즐기다   watch 보다
especially 특별히   hate 싫어하다, 증오하다
animal trainer 동물 사육사   take photo 사진을 찍다

[27-28]

The Statue of Liberty is the tallest metal statue ever made. The people of France gave the Statue to the people of the United States. This was a gift over one hundred years ago. It showed their friendship during the American Revolution. Today, the Statue of Liberty shows freedom and international friendship. The real Statue of Liberty is on Liberty Island in New York, but all around the world there are other, smaller statues which look like her. They can be seen in Paris, around France, Austria, Germany, Italy, Japan, China, and Vietnam.

27. Where is the real Statue of Liberty?
(A) Paris, France
(B) Liberty Island, New York
(C) Austria
(D) Vietnam

28. What does the Statue of Liberty show?
(A) the American Revolution
(B) the tallest metal statue
(C) freedom and friendship
(D) a gift to the people of the United States

해석 자유의 여신상은 금속으로 만들어진 동상들 중에 가장 높이가 높은 동상이다. 프랑스 사람들은 이 동상을 미국 사람들에게 주었다. 이것은 백 년 전의 선물이었다. 이것은 미국 혁명기간 동안의 그들의 우정을 보여준다. 오늘날, 자유의 여신상은 자유와 국제적인 우정을 보여준다. 진짜 자유의 여신상은 뉴욕에 있는 Liberty 섬에 있지만, 전세계 각지에 그녀의 모습을 닮은 다른 작은 동상들이 있다. 그것들은 파리, 프랑스 주변, 오스트리아, 독일, 이탈리아, 일본, 중국 그리고 베트남에서 볼 수 있다.

27. 진짜 자유의 여신상은 어디에 있습니까?
(A) 파리, 프랑스
(B) Liberty 섬, 뉴욕
(C) 오스트리아
(D) 베트남

28. 자유의 여신상은 무엇을 보여줍니까?
(A) 미국 혁명
(B) 세계에서 가장 큰 금속 동상
(C) 자유와 우정
(D) 미국사람들에 대한 선물

풀이 여러 크기의 자유의 여신상이 세계 각지에 존재한다고 하였으나 진짜 자유의 여신상은 뉴욕의 Liberty 섬에 존재한다고 했으므로 27번의 정답은 (B)이다.
자유의 여신상은 프랑스 사람들이 미국 사람들에게 미국혁명기간에 준 선물로 이는 자유와 우정을 상징한다고 했으므로 28번의 정답은 (C)이다.

Words and Phrases   liberty 자유   statue 동상   freedom 자유
friendship 우정   Italy 이탈리아   revolution 혁명

[29-30]

One day, a man named Walt Disney had a dream. It was to build a "magical park." He started to build it in July 1954. One year later, he opened the magical park and called it Disneyland. The day it opened was terrible. The weather was so hot. The water did not work. There were too many people in the park. Even though the first day was really bad, it got better. In two months, it was successful. Now, it is one of the most famous places in the world. Kids love to see cartoon characters, like Mickey Mouse, Donald Duck, Snow White, Goofy, and more. You can talk to them and take your picture with your favorite characters. Disneyland is now in Tokyo, Hong Kong and France. You can have a really fun trip with your mom and dad at Disneyland.

29. What happened on opening day?
(A) It was really cold.
(B) People did not come to Disneyland.
(C) There was too much food.
(D) The weather was hot.

30. What place doesn't have Disneyland?
(A) Toronto
(B) Tokyo
(C) Hong Kong
(D) France

해석 어느 날, Walt Disney라는 이름을 가진 남자는 꿈이 있었다. 그의 꿈은 "마법의 공원"을 짓는 것이었다. 그는 그것을 짓는 것을 1954년 7월에 시작했다. 1년 뒤에, 그는 마법의 공원을 열었고 그것을 Disneyland 라고 불렀다. 마법의 공원을 연 날은 끔찍했다. 날씨가 매우 더웠다. 물도 나오지 않았다. 그리고 공원에는 너무나도 많은 사람들이 있었다. 그 첫날이 매우 별로였음에도 불구하고 점차적으로 상황은 나아져갔다. 2달 후에 Disneyland는 성공을 거두었다. 이제 Disneyland는 세상에서 가장 유명한 장소들 중 하나가 되었다. 아이들은 미키 마우스나 도널드 덕, 백설공주, 구피 그리고 또 다른 만화 캐릭터들을 보는 것을 좋아한다. 당신은 그들에게 말을 걸 수도 있고 당신이 가장 좋아하는 캐릭터와 사진을 찍을 수도 있다. Disneyland는 이제 도쿄에도 있고, 홍콩과 프랑스에도 있다. 당신은 당신의 아빠, 엄마와 Disneyland에서 정말 즐거운 여행을 할 수 있을 것이다.

29. 개장일에 어떤 일이 발생했습니까?
(A) 정말 추웠다.
(B) 사람들은 Disneyland로 오지 않았다.
(C) 너무 많은 음식이 있었다.
(D) 날씨가 너무 더웠다.

30. Disneyland가 없는 장소는 어디입니까?
(A) 토론토
(B) 도쿄
(C) 홍콩
(D) 프랑스

풀이 Disneyland가 열렸던 첫날은 매우 끔찍했다고 말하고 있는데 그 이유는 그날이 너무나도 더웠기 때문이라고 말하고 있으므로 29번의 정답은 (D)이다. Disneyland가 있는 곳은 도쿄, 홍콩, 프랑스라고 말하고 있기 때문에 Disneyland가 없는 곳은 토론토로 30번의 정답은 (A)이다.

Words and Phrases build 짓다 successful 성공적인 famous 유명한

TOSEL JUNIOR

실전 3회

Section I Listening and Speaking

Part A. Listen and Respond (p. 59)

1. Boy: Do you like summer?
  Girl: _____
    (A) No, thanks.
    (B) Yes, please.
    (C) **No, it is too hot.**
    (D) I'll go to the beach.
  해석 소년: 너는 여름을 좋아하니?
    소녀: _____
    (A) 아니, 사양할게.
    (B) 응, 부탁해.
    (C) 아니, 여름은 너무 더워.
    (D) 나는 해변으로 갈 거야.
  풀이 여름을 좋아하냐는 질문에 더워서 싫다고 대답하는 (C)가 정답이다.

2. Girl: Do you want to be an astronaut?
  Boy: _____
    (A) **Yes, that would be a great job.**
    (B) No, I don't want to go.
    (C) No, I will be rich.
    (D) Let's go together.
  해석 소녀: 너는 우주 비행사가 되고 싶니?

소년: _____
    (A) 응, 그건 아주 좋은 직업일 거야.
    (B) 아니, 가고 싶지 않아.
    (C) 아니, 나는 부유해 질 거야.
    (D) 같이 가.
  풀이 우주 비행사가 되고싶은지 묻는 소녀의 질문에 좋은 직업일 것이라고 답하는 (A)가 정답이다.
  Words and Phrases astronaut 우주 비행사 job 직업 rich 돈이 많은

3. Boy: Why are you sleepy?
  Girl: _____
    (A) **I went to bed late.**
    (B) I play soccer.
    (C) She will tell you.
    (D) Tomorrow is a holiday.
  해석 소년: 왜 졸려해?
    소녀: _____
    (A) 어제 밤에 늦게 잤어.
    (B) 나는 축구를 해.
    (C) 그녀가 말해 줄 거야.
    (D) 내일은 휴일이야.
  풀이 왜 졸린지 이유를 말한 (A)가 정답이다.
  Words and Phrases sleepy 졸린 late 늦게

4. Girl: Whose pencil do you have?
  Boy: _____
    (A) It's my book.
    (B) **It's John's.**
    (C) I will give it to you.
    (D) Do you need it?
  해석 소녀: 누구의 연필을 가지고 있어?
    소년: _____
    (A) 이것은 내 책이야.
    (B) 이것은 John의 것이야.
    (C) 너한테 줄게.
    (D) 너 그것이 필요하니?
  풀이 소녀의 질문에 대해 연필이 누구의 것인지 말해줘야 하므로 정답은 (B)이다.
  Words and Phrases need 필요하다

5. Boy: The movie was fun.
  Girl: _____
    (A) It was expensive.
    (B) **I thought so too.**
    (C) I'm hungry.
    (D) Don't tell anyone.
  해석 소년: 영화가 재미 있었어.
    소녀: _____
    (A) 그것은 비쌌어.
    (B) 나도 그렇게 생각했어.
    (C) 나는 배고파.
    (D) 아무에게도 말하지마.
  풀이 소년이 영화가 재미있었다고 한 말에 그것을 동의한 (B)가 정답이다.

6. Girl: What did you do last night?
   Boy: _____
   (A) I watched TV.
   (B) I forgot your money.
   (C) I will go.
   (D) I play soccer.
해석 소녀: 어제 밤에 무엇을 했니?
   소년: _____
   (A) 나는 텔레비전을 봤어.
   (B) 나는 너의 돈을 잊었어.
   (C) 나는 갈 거야.
   (D) 나는 축구를 해.
풀이 어제 밤에 무엇을 했는지 말해주는 (A)가 정답이다.
Words and Phrases last night 어제 밤

7. Boy: What does a doctor do?
   Girl: _____
   (A) He is coming.
   (B) He sells things.
   (C) He takes money.
   (D) He helps people.
해석 소년: 의사는 무엇을 하니?
   소녀: _____
   (A) 그가 오고 있어.
   (B) 그는 물건을 팔아.
   (C) 그는 돈을 가져가.
   (D) 그는 사람들을 도와.
풀이 의사는 사람들을 돕는 사람이므로 (D)가 정답이다.

8. Girl: What's your favorite subject?
   Boy: _____
   (A) Math is terrible.
   (B) I like shopping.
   (C) I like science.
   (D) I'm not good at history.
해석 소녀: 네가 가장 좋아하는 과목은 무엇이야?
   소년: _____
   (A) 수학은 끔찍해.
   (B) 나는 쇼핑을 좋아해.
   (C) 나는 과학을 좋아해.
   (D) 나는 역사를 잘 못해.
풀이 무슨 과목을 좋아하는지 묻는 질문에 과학을 좋아한다는 (C)가 정답이다.
Words and Phrases shopping 쇼핑

9. Boy: Do you think I should buy this hat?
   Girl: _____
   (A) It's empty.
   (B) I don't have any money.
   (C) Maybe the apple.
   (D) I would buy it if I were you.
해석 소년: 너는 내가 이 모자를 사야 한다고 생각해?
   소녀: _____
   (A) 그것은 비었어.

(B) 나는 돈이 없어.
(C) 아마 사과일 거야.
(D) 만약 내가 너였다면 샀을 거야.
풀이 모자를 살지 의견을 물어보는 질문에 살 것이라고 대답한 (D)가 정답이다.
Words and Phrases empty 빈 maybe 아마

10. Girl: How often do you brush your teeth?
    Boy: _____
    (A) Twice a day.
    (B) Nowhere.
    (C) For a week.
    (D) In the morning.
해석 소녀: 너는 얼마나 자주 이를 닦아?
    소년: _____
    (A) 하루에 두 번.
    (B) 아무 데도 아니야.
    (C) 일주일 동안.
    (D) 아침에.
풀이 이를 얼마나 자주 닦냐는 질문에 하루에 두 번 닦는다고 횟수를 말한 (A)가 정답이다.
Words and Phrases nowhere 아무 데도

Part B. Listen and Retell (p. 60)

11. Boy: Excuse me, is this the line to buy tickets?
    Girl: No, the ticket line is over there.
    Boy: I see, thanks. It's going to be a great game.
    Question: Where is the boy?
    (A) at the zoo
    (B) at the museum
    (C) at the movie theater
    (D) at the sports stadium
해석 소년: 실례합니다, 이것은 표를 사기 위한 줄입니까?
    소녀: 아니요, 표를 사기 위한 줄은 저 쪽에 있습니다.
    소년: 아 그렇군요, 감사합니다. 아주 좋은 경기가 될 겁니다.
    질문: 소년은 어디에 있습니까?
    (A) 동물원에
    (B) 박물관에
    (C) 영화관에
    (D) 스포츠 경기장에
풀이 소년은 표를 사는 곳을 찾으면서 오늘 아주 좋은 경기가 될 것이라고 이야기하고 있으므로 소년이 있는 곳은 경기장이다. 따라서 답은 (D)이다.
Words and Phrases museum 박물관 stadium 경기장

12. Girl: Where do you live?
    Boy: I live near school.
    Girl: Me, too.
    Question: Where does the girl live?
    (A) in Seoul
    (B) near school
    (C) next to the store
    (D) behind the bus stop

해석 소녀: 너는 어디에 살아?
　　　소년: 나는 학교 근처에 살아.
　　　소녀: 나도야.
　　　질문: 소녀가 사는 곳은 어디입니까?
　　　(A) 서울
　　　(B) 학교 근처
　　　(C) 가게 옆에
　　　(D) 버스 정류장 뒤에
풀이 소년은 학교 근처에 산다고 했고 소녀도 그렇다고 했으므로 정답은 (B)이다.
Words and Phrases bus stop 버스 정류장

13. Boy: Can I borrow your pen?
　　Girl: Sure.
　　Boy: Where is it?
　　Question: Does the boy have a pen?
　　　(A) No, he doesn't.
　　　(B) He likes music.
　　　(C) He wants hers.
　　　(D) Yes, he does.
해석 소년: 너의 펜을 빌려도 될까?
　　　소녀: 그럼.
　　　소년: 어디에 있어?
　　　질문: 소년은 펜을 가지고 있습니까?
　　　(A) 아니, 그는 그렇지 않다.
　　　(B) 그는 음악을 좋아한다.
　　　(C) 그는 소녀의 펜을 원한다.
　　　(D) 그렇다, 그는 펜을 가지고 있다.
풀이 소년은 펜이 없어서 소녀의 것을 빌리려고 하므로 정답은 (A)이다. (C)는 질문에 적절한 답이 아니므로 오답이다.

14. Girl: What do you want to eat for lunch?
　　Boy: I prefer seafood than meat.
　　Girl: Me, too. Let's go for lunch.
　　Question: What will they eat for lunch?
　　　(A) pork
　　　(B) beef
　　　(C) fish
　　　(D) salad
해석 소녀: 점심 때 무엇을 먹을래?
　　　소년: 나는 고기보다 해산물을 선호해.
　　　소녀: 나도야. 점심 먹으러 가자.
　　　질문: 그들은 점심으로 무엇을 먹으러 갈 예정입니까?
　　　(A) 돼지고기
　　　(B) 소고기
　　　(C) 생선
　　　(D) 샐러드
풀이 소년과 소녀는 해산물을 선호한다고 했으므로 (C)가 정답이다.
Words and Phrases prefer 선호하다 seafood 해산물 pork 돼지고기
　　　　　　　　　　 beef 소고기

15. Boy: What are you doing this weekend?
　　Girl: I'm going to the soccer game.
　　Boy: Is Matthew going?

Question: What will the girl do this weekend?
　　(A) She will go with him.
　　(B) She will watch a movie.
　　(C) She will go to the sports game.
　　(D) She will play soccer with Matthew.
해석 소년: 이번 주말에 넌 무엇을 할 거니?
　　　소녀: 나는 축구 경기를 보러 갈 거야.
　　　소년: Matthew도 가니?
　　　질문: 소녀는 이번 주말에 무엇을 합니까?
　　　(A) 그녀는 그와 같이 갈 것이다.
　　　(B) 그녀는 영화를 볼 것이다.
　　　(C) 그녀는 스포츠 경기를 보러 갈 것이다.
　　　(D) 그녀는 Matthew와 축구를 할 것이다.
풀이 소녀는 이번 주말에 축구 경기를 보러 갈 것이라고 했으므로 정답은 (C)이다.

16. Girl: Are you training for the marathon?
　　Boy: Yes, every morning.
　　Girl: Then, let's train together.
　　Question: What will they do together?
　　　(A) go hiking
　　　(B) go running
　　　(C) take a train
　　　(D) do homework
해석 소녀: 너 마라톤을 위해 훈련하고 있니?
　　　소년: 응, 매일 아침에 해.
　　　소녀: 그러면, 우리 같이 훈련하자.
　　　질문: 그들은 무엇을 함께 할 예정입니까?
　　　(A) 등산가기
　　　(B) 달리기
　　　(C) 기차 타기
　　　(D) 숙제 하기
풀이 소녀는 소년에게 같이 마라톤 훈련을 하자고 하고 있으므로 정답은 (B)이다.
Words and Phrases training 훈련 marathon 마라톤 hiking 등산

17. Boy: What do you want to do when you grow up?
　　Girl: I want to be a newspaper journalist.
　　Boy: Why not a TV journalist?
　　Question: What does the girl want to do when she grows up?
　　　(A) do math for a bank
　　　(B) work for a TV station
　　　(C) write for a newspaper
　　　(D) do something scientific
해석 소년: 너는 커서 무엇이 되고 싶니?
　　　소녀: 나는 신문 기자가 되고 싶어.
　　　소년: 왜 텔레비전 기자가 아니라?
　　　질문: 소녀는 커서 무엇을 하고 싶어합니까?
　　　(A) 은행에서 계산을 하는 것
　　　(B) 방송국에서 일하는 것
　　　(C) 신문 기사를 쓰는 것
　　　(D) 과학적인 일을 하는 것
풀이 소녀는 신문 기자가 되고 싶다고 했으므로 (C)가 정답이다.
Words and Phrases grow up 자라다 journalist 기자 scientific 과학적인

[18-19]

Girl: A firefly is a kind of beetle that has a light in its tail. Do you wonder where fireflies get their light? Fireflies have a chemical inside them which mixes with oxygen to make light. They use their light to find a mate. Fireflies live near water and usually in countries which are hot.

18. Where may a firefly live?
(A) near salt
(B) in a park
(C) in a house
(D) near a lake

19. Why does a firefly need a light?
(A) to get a mate
(B) to stay warm
(C) to see at night
(D) to catch its dinner

해석 소녀: 반딧불이는 딱정벌레의 한 종류로 꼬리에 빛이 있다. 반딧불이가 어디서 빛을 가져오는지 궁금한가? 반딧불이는 몸 안에 화학 물질이 있는데, 그것은 산소와 섞이면 빛이 난다. 반딧불이는 빛을 사용해서 짝을 찾는다. 반딧불이는 물 근처에 살고 보통 더운 나라에서 산다.

18. 반딧불이는 어디에 삽니까?
(A) 소금 근처에
(B) 공원에
(C) 집에
(D) 호수 근처에

19. 반딧불이는 왜 빛이 필요합니까?
(A) 짝을 찾기 위해
(B) 따뜻하게 살기 위해
(C) 밤에 보기 위해
(D) 저녁을 잡기 위해

풀이 반딧불이는 물 근처에 산다고 했으므로 18번의 정답은 (D)이다.
반딧불이는 빛을 사용해서 짝을 찾는다고 했으므로 19번의 정답은 (A)이다.

Words and Phrases salt 소금 lake 호수 mate 짝

[20-21]

Boy: Yesterday was hot. My friend and I went to the swimming pool. There were a lot of people there. It was hard to swim with all the people in there. We saw some other friends though and it was a good way to cool down.

20. What did he do?
(A) He went swimming.
(B) He went to the beach.
(C) He didn't go anywhere.
(D) He went to an amusement park.

21. Why was it hard to swim?
(A) because he can't swim
(B) because he ate too much
(C) because his friend can't swim
(D) because the pool was crowded

해석 소년: 어제는 더웠다. 내 친구와 나는 수영장에 갔다. 그곳에는 사람들이 많았다. 그렇게 많은 사람들과 수영하기는 어려웠다. 하지만, 우리는 다른 친구들도 만났고 수영은 열을 식히기 위해 좋은 방법이었다.

20. 소년은 무엇을 했습니까?
(A) 그는 수영을 하러 갔다.
(B) 그는 해변에 갔다.
(C) 그는 아무 곳도 가지 않았다.
(D) 그는 놀이 공원에 갔다.

21. 왜 수영하기 어려웠습니까?
(A) 소년이 수영을 하지 못하기 때문에
(B) 소년이 너무 많이 먹었기 때문에
(C) 소년의 친구가 수영을 하지 못했기 때문에
(D) 수영장에 사람이 너무 많았기 때문에

풀이 소년은 수영장에 갔다고 했으므로 20번의 정답은 (A)이다.
수영장에 사람이 많아서 수영하기 힘들었다고 했으므로 21번의 정답은 (D)이다.

Words and Phrases amusement park 놀이공원 crowded 사람이 많은

[22-23]

Woman: There was a car crash on the corner of Smith and Warren Street. The road has been blocked. So buses will have to wait some time before it is cleared. If you are traveling it is best to go by subway.

22. What happened?
(A) It was too hot.
(B) There was a bus.
(C) There was a game on.
(D) There was a car accident.

23. How should people travel?
(A) People should wait.
(B) People should wear a mask.
(C) People should travel by subway.
(D) People should buy a new ticket.

해석 여자: Smith와 Warren 도로 모퉁이에서 자동차 충돌이 있었습니다. 도로는 차단되었습니다. 그래서 버스들은 도로가 정리되기 전까지 조금 기다려야 합니다. 여행을 하고 있다면 지하철을 타는 것이 가장 좋은 방법입니다.

22. 무슨 일이 있었습니까?
(A) 너무 더웠다.
(B) 버스가 있었다.
(C) 경기가 진행되고 있었다.
(D) 차 사고가 있었다.

23. 사람들은 어떻게 여행을 해야 합니까?
(A) 사람들은 기다려야 한다.
(B) 사람들은 마스크를 써야 한다.
(C) 사람들은 지하철을 타야 한다.
(D) 사람들은 새로운 표를 사야 한다.

풀이 여자는 차 충돌이 있었다고 언급하였으므로, 22번의 답은 (D)이다.
여자는 길이 막혔기 때문에 지하철을 타는 것이 좋다고 했으므로 23번의 답

은 (C)이다.

Words and Phrases accident 사고 wait 기다리다 subway 지하철
mask 마스크

[24-25]
Boy: There will be a volleyball game between my school and Jaeun Elementary School tomorrow. My classmates and I are all going to wear purple – our school color. We are going to make banners and cheer loudly. I hope we win.

24. Why will he wear purple?
    (A) because he wants to sing
    (B) because it is his school color
    (C) because he wants to support the team
    (D) because he wants to match the banner

25. What will they do?
    (A) They will cheer.
    (B) They will swim.
    (C) They will sleep.
    (D) They will eat lunch.

해석 소년: 내일 나의 학교와 재운 초등학교의 배구 게임이 있을 예정이다. 우리 반 친구들과 나는 모두 우리 학교 색깔인 보라색 옷을 입을것이다. 우리는 배너를 만들어 크게 응원할 것이다. 나는 우리가 이기길 희망한다.

    24. 소년은 왜 보라색을 입습니까?
    (A) 소년은 노래를 부르기 원했기 때문에
    (B) 그것이 소년의 학교의 색깔이기 때문에
    (C) 소년이 팀을 응원하길 원했기 때문에
    (D) 소년이 배너와 맞추기 원했기 때문에

    25. 그들은 무엇을 할 것입니까?
    (A) 그들은 응원을 할 것이다.
    (B) 그들은 수영을 할 것이다.
    (C) 그들은 잠을 잘 것이다.
    (D) 그들은 점심식사를 할 것이다.

풀이 소년은 자신의 학교 색깔인 보라색을 입겠다고 언급되어 있으므로 24번의 정답은 (B)이다.
    소년과 반 친구들은 크게 응원을 할 것이라고 했으므로 25번의 정답은 (A)이다.

Words and Phrases support 응원하다, 지지하다 match 맞추다
banner 배너 loudly 크게 cheer 응원하다

Part C. Listen and Speak (p. 64)

26. Girl: Do you have an umbrella?
    Boy: No, I don't.
    Girl: It is going to rain.
    Boy: _____
    (A) Can I lend yours?
    (B) Can I borrow yours?

(C) Do I want to lend yours?
(D) Do you want to lend mine?

해석 소녀: 너 우산 갖고 있어?
    소년: 아니, 없어.
    소녀: 비가 올 것 같아.
    소년: _____
    (A) 네 것을 빌려줘도 될까?
    (B) 네 것을 빌려도 될까?
    (C) 내가 네 것을 빌려주길 원해?
    (D) 내 것을 빌려주길 원하니?

풀이 소년이 소녀에게 우산을 빌리는 상황이므로 정답은 (B)이다.

Words and Phrases borrow 빌리다 lend 빌려주다

27. Boy: I want to watch that movie.
    Girl: Me, too.
    Boy: Do you want to watch it tomorrow?
    Girl: _____
    (A) I can't see it.
    (B) Sure, I'd love to.
    (C) I watched it yesterday.
    (D) I've never heard of that.

해석 소녀: 나는 저 영화를 보고 싶어.
    소녀: 나도 그래.
    소녀: 내일 볼래?
    소녀: _____
    (A) 나는 그것이 보이지 않아.
    (B) 그래, 좋아.
    (C) 나는 어제 봤어.
    (D) 그것을 들어본 적이 없어.

풀이 내일 영화 보기를 원하냐는 소년의 말에 좋다고 답하는 (B)가 정답이다.

Words and Phrases tomorrow 내일

28. Girl: Who sings this song?
    Boy: I think it is Samson.
    Girl: He's a great singer.
    Boy: _____
    (A) Who?
    (B) It tastes terrible.
    (C) On Friday night.
    (D) I wish I could sing like that.

해석 소녀: 이 노래 누가 부르는거야?
    소년: Samson인 것 같아.
    소녀: 그는 정말 훌륭한 가수구나.
    소년: _____
    (A) 누구?
    (B) 그것은 맛이 없다.
    (C) 금요일 밤에.
    (D) 나도 저렇게 부를 수 있었으면 좋겠어.

풀이 소녀와 소년은 노래를 잘 부르는 사람을 칭찬하고 있으므로 (D)가 정답이다.

29. Boy: Do you want to eat pizza?
    Girl: Sure.
    Boy: What kind do you want?

Girl: _____
    (A) I ate it all, sorry.
    (B) I want the blue one.
    (C) I like pasta better than pizza.
    (D) What if we get half cheese, half meat?

해석 소년: 피자를 먹고 싶니?
    소녀: 물론이지.
    소년: 어떤 종류를 원해?
    소녀: _____
    (A) 내가 다 먹었어, 미안해.
    (B) 나는 파란색을 원해.
    (C) 나는 피자보다 파스타를 좋아해.
    (D) 치즈 반, 고기 반을 하는 건 어때?

풀이 소년은 소녀에게 어떤 종류의 피자를 원하는지 묻고 있으므로 피자의 종류를
말하고 있는 (D)가 정답이다.

Words and Phrases better than ~보다 낫다 what if ~하면 어떨까?

30. Girl: What are you doing after school?
    Boy: I've got a dance lesson.
    Girl: How long have you been taking dance classes?
    Boy: _____
    (A) I'll turn ten next year.
    (B) I just started last week.
    (C) I like dance music.
    (D) So far I like it.

해석 소녀: 학교가 끝난 후에 뭘 할 거야?
    소년: 나는 춤 수업이 있어.
    소녀: 춤 수업을 받은 지 얼마나 됐어?
    소년: _____
    (A) 나는 내년에 10살이 돼.
    (B) 나는 지난 주에 막 시작했어.
    (C) 나는 댄스 음악을 좋아해.
    (D) 아직까지는 그것이 좋아.

풀이 춤 수업을 얼마 동안이나 받았냐는 소녀의 질문에 시작한 시점을 답한 (B)
가 정답이다.

Section II Reading and Writing

Part A. Sentence Completion (p. 67)

1. A: What are they doing?
    B: They _____ the grass.
    (A) cutting
    (B) have cut
    (C) are cutted
    (D) are cutting

해석 A: 그들은 무엇을 하고 있니?
    B: 그들은 잔디를 깎고 있어.
    (A) 깎는 것

    (B) 깎았다
    (C) 틀린 표현
    (D) 깎고 있는

풀이 무엇을 하고 있는지에 대해 진행형으로 물었으므로 진행형을 올바르게 사용
한 (D)가 정답이다. (A)는 be동사가 없이 쓰였으므로 오답이다.

Words and Phrases cut 자르다, 깎다 (cut-cut-cut) grass 잔디

2. A: Did you eat _____?
    B: No. I'm still hungry.
    (A) lots of
    (B) a lot of
    (C) too many
    (D) too much

해석 A: 너무 많이 먹었니?
    B: 아니, 나는 아직 배고파.
    (A) 많은
    (B) 많은
    (C) 너무 많은 (셀 수 있는 명사)
    (D) 너무 많은/많이 (셀 수 없는 명사)

풀이 아니라며 아직 배고프다고 대답한 것으로 보아 많이 먹었는지를 묻는 질문임
을 알 수 있다. (A)와 (B)는 뒤에 명사가 함께 나와야하며 (C)는 셀 수 있는
명사의 수를 나타내므로 양이나 정도를 나타내는 (D)가 정답이다.

Words and Phrases still 아직, 여전히 hungry 배고픈 lots of 많은
                               a lot of 많은

3. A: Can I borrow your skirt?
    B: No. _____ it tonight.
    (A) I'll wear
    (B) I wears
    (C) I did wear
    (D) wearing

해석 A: 내가 너의 치마를 빌릴 수 있을까?
    B: 아니. 오늘 밤에 난 그것을 입을 거야.
    (A) 나는 ~을 입을 것이다
    (B) 틀린 표현
    (C) 나는 ~을 입었다
    (D) 틀린 표현

풀이 오늘 밤은 아직 오지 않은 시간이므로 미래를 나타내는 조동사 will을 사용한
(A)가 정답이다. (B)에서는 1인칭 대명사인 'I'이므로 wear라고 써야 하며,
(C)는 do 다음에 동사를 쓰는 표현으로써, 그 동사의 행위를 강조할 때 사용
할 수 있다. (D)는 동사가 없어서 완전한 문장이 아니다.

Words and Phrases borrow 빌리다

4. A: Where is Mike _____?
    B: I think it's Germany.
    (A) on
    (B) from
    (C) inside
    (D) through

해석 A: 마이크는 어디에서 왔니?
    B: 독일인 것 같아.
    (A) ~의 위에

(B) ~로부터

(C) ~의 안에

(D) ~사이로

풀이 나라의 이름으로 답한 것으로 보아 출신을 물었음을 짐작할 수 있다. be동사와 전치사 from이 같이 쓰이면 ~에서 왔다(~출신이다)의 뜻이 되므로 (B)가 정답이다.

Words and Phrases Germany 독일

5. A: Do you like pear juice?

B: No. _____. I prefer grape juice.

(A) I don't

(B) you don't

(C) I won't

(D) you won't

해석 A: 너는 배 주스를 좋아하니?

B: 아니, 그렇지 않아. 나는 포도 주스를 더 좋아해.

(A) 나는 그렇지 않아

(B) 너는 그렇지 않아

(C) 나는 그렇게 하지 않을 거야

(D) 너는 그렇게 하지 않을 거야

풀이 조동사 'Do'를 사용해서 묻는 의문문에 'do'의 부정형으로 대답하는 것이 적절하므로 (A)가 정답이다. (B)는 주어가 맞지 않으므로 오답이다.

Words and Phrases pear 배 prefer 선호하다 grape 포도

Part B. Situational Writing (p. 68)

6. My mother began to play golf last year and _____.

(A) she is boring

(B) she is artistic

(C) she is noisy

(D) she is playing well

해석 나의 어머니는 작년에 골프를 시작했고 그녀는 골프를 잘한다.

(A) 그녀는 지루한 사람이다

(B) 그녀는 예술적이다

(C) 그녀는 시끄럽다

(D) 그녀는 골프를 잘 한다

풀이 어머니가 작년부터 골프를 치는 것을 시작했고 지금은 골프를 잘 친다는 것이 맥락상 가장 적절하다.

Words and Phrases well 잘하는 boring 지루한

7. The girl is using _____.

(A) a cloth to clean her dress

(B) a sponge to wipe her face

(C) her shirt to clean her lips

(D) a bath towel to dry her hands

해석 소녀는 그녀의 셔츠로 입을 닦고 있다.

(A) 천으로 그녀의 드레스를 닦고 있다

(B) 스펀지로 얼굴을 닦고 있다

(C) 셔츠로 입술을 닦고 있다

(D) 목욕 수건으로 손을 말리고 있다

풀이 그림에서 소녀가 셔츠로 입을 닦고 있으므로 (C)가 정답이다.

Words and Phrases cloth 천, 직물 wipe 닦다

8. On Halloween Day, I wore a ghost _____.

(A) vest

(B) costume

(C) flip flops

(D) bathing suit

해석 할로윈 데이에, 나는 유령 의상을 입었다.

(A) 조끼

(B) 의상

(C) 슬리퍼

(D) 수영복

풀이 그림에서 아이가 유령 복장을 하고 있으므로 (B)가 정답이다.

Words and Phrases Halloween Day 할로윈 데이

wear 착용하다 (wear-wore-worn) ghost 유령

vest 조끼 costume 의상 flip flop 샌들, 슬리퍼

bathing suit 수영복

9. She is doing her homework _____.

(A) in the computer

(B) on the computer

(C) before the computer

(D) around the computer

해석 그녀는 컴퓨터로 숙제를 하고 있는 중이다.

(A) 컴퓨터 안에서

(B) 컴퓨터로

(C) 컴퓨터 전에

(D) 컴퓨터 주변에서

풀이 컴퓨터를 이용한다는 표현인 'on the computer'가 정답이다.

Words and Phrases on the computer 컴퓨터로 homework 숙제

10. The girl is hiding _____.

(A) into the room

(B) under the table

(C) beside the chair

(D) behind the sofa

해석 소녀는 소파 뒤에 숨어있다.

(A) 방 안으로

(B) 테이블 아래에

(C) 의자 옆에

(D) 소파 뒤에

풀이 그림에서 소녀가 소파 뒤에 숨어 있으므로 (D)가 정답이다.

Words and Phrases hide 숨다

Part C. Practical Reading and Retelling (p. 71)

[11–12]

APRIL

Sun	Mon	Tues	Wed	Thurs	Fri	Sat
		1 April Fool's Day	2	3	4	5 Arbor Day
6 Soccer Game	7	8	9 Stacey's Birthday	10	11	12 Trip to Jeju island
13	14	15	16	17	18	19

11. What day is the first Tuesday in April?
    (A) April eighth
    (B) April fifteenth
    (C) **April Fool's Day**
    (D) Stacey's birthday

12. When is the soccer game?
    (A) **a day after Arbor Day**
    (B) second Sunday of April
    (C) a week after April Fool's Day
    (D) two days before Stacey's birthday

해석 4월

1일:만우절 5일:식목일 6일:축구 경기
9일:Stacey의 생일 12일:제주도로 여행

11. 4월의 첫 번째 화요일은 언제입니까?
    (A) 4월 8일
    (B) 4월 15일
    (C) 만우절
    (D) Stacey의 생일

12. 축구 경기는 언제입니까?
    (A) 식목일 다음날
    (B) 4월의 두 번째 일요일
    (C) 만우절 일주일 후
    (D) Stacey의 생일 2일 전 날

풀이 달력을 보면 4월의 가장 첫 번째 화요일은 4월 1일 만우절임을 알 수 있으므로 11번의 정답은 (C)이다.
축구 경기가 있는 4월 6일은 식목일 다음 날이기 때문에 12번의 정답은 (A)이다.

Words and Phrases April 4월 April Fool's Day 만우절 Arbor Day 식목일

[13–14]

13. What food is NOT served on Tuesday?
    (A) **noodles**
    (B) spaghetti
    (C) fried rice
    (D) chicken salad

14. What can you have in a Plate Lunch?
    (A) main dish, iced tea, and soup
    (B) main dish, fried rice, and meat loaf
    (C) **main dish, 2 side dishes, and soup**
    (D) main dish, chicken salad, and 1 side dish

해석 학교 식당 메뉴

월요일	화요일	수요일
햄버거	스파게티	미트 로프
밥	볶음밥	밥
국수	치킨 샐러드	으깬 감자

Plate Lunch에는 주 요리와 2개의 반찬, 아이스 티나 스프가 포함됩니다.

13. 화요일에 제공되지 않는 음식은 무엇입니까?
    (A) 국수
    (B) 스파게티
    (C) 볶음밥
    (D) 닭 샐러드

14. Plate Lunch에 들어 있는 것은 무엇입니까?
    (A) 주 요리, 아이스티와 수프
    (B) 주 요리, 볶음밥 그리고 미트 로프
    (C) 주 요리, 2개의 반찬 그리고 수프
    (D) 주 요리, 닭 샐러드 그리고 하나의 반찬

풀이 화요일의 메뉴를 보면 스파게티, 볶음밥 그리고 닭 샐러드가 나오므로 13번의 정답인 화요일에 제공되지 않는 메뉴는 (A)이다.
학교 카페테리아 메뉴 가장 아래에 보면 Plate Lunch에 대한 설명이 쓰여 있는데, 여기에는 주 요리, 2개의 반찬 그리고 아이스티 또는 수프가 제공됨을 알 수 있으므로 14번의 정답은 (C)이다.

Words and Phrases noodle 국수 mash 삶아서 으깨다 potato 감자

[15-16]

15. Where is Scotland?
   (A) below Wales
   (B) above England
   (C) to the south of Ireland
   (D) between Wales and England

16. Which part of the country is the biggest?
   (A) Wales
   (B) Ireland
   (C) England
   (D) Scotland

해석 15. Scotland는 어디에 있습니까?
   (A) Wales 아래에
   (B) England 위에
   (C) Ireland의 남쪽에
   (D) Wales와 England 사이에

   16. 가장 큰 지역은 어디입니까?
   (A) Wales
   (B) Ireland
   (C) England
   (D) Scotland

풀이 Scotland는 England의 위에 위치하고 있음을 지도에서 볼 수 있으므로
   15번의 정답은 (B)이다.
   가장 큰 지역은 초록색 지역인 England임을 알 수 있으므로 16번의 정답은
   (C)이다.
Words and Phrases below~ ~아래에 above~ ~위에 south 남쪽
   between A and B A와 B 사이에

[17-18]

Music Choices of Young Adults

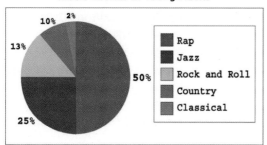

17. Which music is the least popular?
   (A) Rap

(B) Jazz
(C) Country
(D) Classical

18. How many more young adults prefer Jazz to Rock and Roll?
   (A) 12%
   (B) 13%
   (C) 25%
   (D) 38%

해석 17. 가장 인기가 없는 음악은 무엇입니까?
   (A) 랩
   (B) 재즈
   (C) 컨츄리 음악
   (D) 클래식

   18. 락앤롤을 선호하는 젊은 성인들의 퍼센트보다 재즈를 선호하는 젊은
      성인들의 퍼센트는 얼마나 높습니까?
   (A) 12퍼센트
   (B) 13퍼센트
   (C) 25퍼센트
   (D) 38퍼센트

풀이 가장 인기가 덜 한 음악은 2퍼센트의 비중을 차지하는 클래식 음악이므로
   17번의 정답은 (D)이다.
   락앤롤 음악을 선호하는 사람들의 퍼센트는 재즈를 선호하는 사람들의 퍼센
   트에 비해 12퍼센트가 적으므로 18번의 정답은 (A)이다.
Words and Phrases rap 랩 jazz 재즈
   country music 컨츄리 음악(음악의 한 종류)
   classical 클래식 prefer A to B B보다 A를 선호하다

[19-20]

19. When does registration for the run begin?
   (A) 12:00
   (B) 12:30
   (C) 1:00
   (D) 1:30

20. What is NOT true about this run?
   (A) This event is being held for the third time.
   (B) Some children will not pay for the race.
   (C) Registration will last for 2 hours.
   (D) Every child will receive a gift after the race.

6월 17일 토요일, 오후 1시 30분

재미를 위한 모든 것 그리고 모두를 위한 재미!
- 오후 12시 에서 1시 사이에 달릴 날짜를 등록하세요.
- 3~9세 어린이는 무료
- 각각의 어린이는 끝나는 지점에서 상품을 받습니다.
- 등록과 달리기는 Queen Elizabeth Garden 공원에서

더 많은 정보가 필요하시면, 저희 웹사이트 www.queenelizabethgarden.org를 방문하세요.

19. 언제 달리기를 위한 등록이 시작됩니까?
(A) 12:00
(B) 12:30
(C) 1:00
(D) 1:30

20. 이 경주에 관한 내용 중 사실이 아닌 것은 무엇입니까?
(A) 이 이벤트는 3번째로 열리는 것이다.
(B) 일부 어린이는 경주를 위해 돈을 내지 않는다.
(C) 등록은 2시간 동안 진행된다.
(D) 모든 어린이는 경주 후 선물을 받는다.

풀이 등록은 12시에서 1시 사이이므로 19번의 답은 (A)이고, 등록은 한 시간 동안 진행되므로 20번의 답은 (C)이다.

Words and Phrases annual 매년의, 연간의 register 등록하다

Part D. General Reading and Retelling (p. 76)

[21-22]
The most dangerous spider in the world is the Brazilian Wandering Spider. It is one of the few spiders that are poisonous to humans. The Brazilian Wandering Spider also likes to hide in the daytime. It will hide in old clothes, shoes, or boxes. If someone then picks up these things, the spider may bite. The spider will do this to try to save itself from danger.

21. According to the passage, where does the spider like to hide?
(A) in the sunlight
(B) in old clothes
(C) in washing machines
(D) in trees

22. According to the passage, when will the spider bite people?
(A) when it is bored
(B) when it is hungry
(C) when it is depressed
(D) when it feels it is in danger

해석 세계에서 가장 위험한 거미는 브라질의 Wandering Spider이다. 이 거미는 인간에게 독성을 가진 얼마 되지 않는 거미들 중에 하나다. 브라질 Wandering Spider는 또한 낮에 숨어 있는 것을 좋아한다. 오래된 옷이나 신발, 또는 상자 안에 숨는다. 누군가 이 물건들을 집는다면, 거미는 아마 물것이다. 거미는 이렇게 함으로써 자신을 위험으로부터 지킨다.

21. 지문에 따르면, 거미는 어디에 숨는 것을 좋아합니까?
(A) 햇볕에
(B) 오래된 옷에
(C) 세탁기에
(D) 나무에

22. 지문에 따르면, 거미는 언제 사람을 뭅니까?
(A) 지루할 때
(B) 배고플 때
(C) 우울할 때
(D) 위험에 처했다고 느꼈을 때

풀이 본문에 해당 거미가 오래된 옷, 신발 또는 상자 안에 숨는 것을 좋아한다고 되어 있으므로 21번의 정답은 (B)이다.
본문 마지막 문장에서 거미가 사람을 무는 것은 자신을 위험으로부터 지키기 위함임을 알 수 있으므로 22번의 정답은 (D)이다.

Words and Phrases dangerous 위험한 poisonous 독성이 있는
depressed 우울한

[23-24]
A new report says kids run more slowly than 30 years ago. Researchers looked at 25 million children worldwide. On average, today's children run about one kilometer a minute slower than their parents could. How far a child can run is falling every year. Doctors say that one of the biggest reasons is being too fat. Kids are fat because they are eating too much and not exercising enough. Doctors are worried since fatter children mean unhealthier adults in the future. They are more likely to develop conditions like heart disease later in life.

23. What is the biggest reason for kids running more slowly?
(A) being fat
(B) breathing problems
(C) short legs
(D) heart disease

24. Why are doctors concerned about this issue?
(A) Children are not spending enough time with their parents.
(B) Children will likely face more health problems.
(C) Children are tired of exercising everyday.
(D) Children do not share their experiences with their parents.

해석 새로운 보고서는 아이들이 30년 전보다 훨씬 느리게 달린다고 말한다. 연구원들은 전 세계 2천 5백만명의 아이들을 살펴 보았다. 평균적으로, 오늘날 아이들은 그들의 부모보다 분당 약 1킬로미터를 더 느리게 달린다. 아이가 얼마나 멀리 달릴 수 있는지는 매년 감소하고 있다. 의사들은 가장 큰 이유 중 하나가 지나치게 뚱뚱한 것이라고 말한다. 아이들은 많이 먹고 충분히 운동하지 않기 때문에 뚱뚱하다. 더 뚱뚱한 아이들은 미래의 건강하지 않은 어른을 의미하는 것이기 때문에 의사들은 걱정한다. 그들은 후에 심장병과 같은 병에 걸릴 확률이 더 높다.

23. 아이들이 더 느리게 달리는 가장 큰 이유는 무엇입니까?
(A) 뚱뚱한 것
(B) 호흡 문제

(C) 짧은 다리

(D) 심장병

24. 왜 의사들은 이 문제를 걱정합니까?

(A) 아이들은 부모와 충분한 시간을 보내지 않는다.

(B) 아이들은 더 많은 건강 문제를 마주할 확률이 높다.

(C) 아이들은 매일 운동하는 것에 지쳤다.

(D) 아이들은 부모와 경험을 공유하지 않는다.

풀이 의사들은 아이들이 지나치게 뚱뚱해져서 느리게 달리게 되었다고 했으므로 23번의 답은 (A)이고, 뚱뚱한 아이들은 미래의 덜 건강한 어른을 의미하며 병에 걸릴 확률이 더 높다고 했으므로 24번의 답은 (B)이다.

Words and Phrases researcher 연구원 fat 뚱뚱한 heart disease 심장병 face 직면하다

[25-26]

The Lighthouse of Alexandria was one of the Seven Wonders of the Ancient World. It was built around 270 B.C. on the island of Pharos. It guided ships sailing near the island. The lighthouse stood over 120 meters tall, and its light could be seen for over 50 kilometers. The lighthouse is thought to have been one of the largest buildings of its time. Only the two greatest Egyptian Pyramids were larger.

25. How tall was the Lighthouse?

(A) 30 meters

(B) 120 meters

(C) 270 meters

(D) 300 meters

26. What buildings were taller than the Lighthouse?

(A) the other six Wonders

(B) other lighthouses at Pharos

(C) the palace of the King of Pharos

(D) the Egyptian Pyramids

해석 알렉산드리아의 등대는 고대의 7개 불가사의 중에 하나였다. 그것은 기원전 270년 쯤에 Pharos 섬에서 건설되었다. 그것은 섬 근처를 항해하는 배들을 안내해주었다. 이 등대는 높이가 120미터이며, 그 불빛은 50km 반경에서도 볼 수 있다. 이 등대는 그 당시의 가장 큰 건물 중 하나로 여겨진다. 오직 이집트의 거대한 피라미드 두 개만이 등대보다 더 컸다.

25. 등대는 얼마나 높습니까?

(A) 30 미터

(B) 120 미터

(C) 270 미터

(D) 300 미터

26. 어떤 건물이 등대보다 더 높습니까?

(A) 다른 6개의 불가사의

(B) Pharos의 다른 등대들

(C) Pharos 왕의 궁전

(D) 이집트 피라미드

풀이 높이가 120미터임이 본문에 언급되어 있으므로 25번의 정답은 (B)이다. 오직 이집트의 거대한 피라미드 두 개가 등대보다 더 큰 것이었다고 언급되어 있으므로 26번의 정답은 (D)이다.

Words and Phrases lighthouse 등대 palace 궁전

[27-28]

The Eiffel Tower can be found in Paris, France. It is an iron tower that was built in 1889. It is 324 meters tall and is one of France's most important buildings. Over six million people come to see it each year. This makes it the most popular building in the world. The building has been copied by people in many other countries. China, America, Poland, and many other countries have buildings that look much like the Eiffel Tower.

27. Where can people find the original Eiffel Tower?

(A) America

(B) China

(C) France

(D) Poland

28. According to passage, what is true about the Eiffel Tower?

(A) It cost a great deal to build.

(B) It has been closed to tourists.

(C) It gets many visitors each year.

(D) It is considered ugly by the French.

해석 에펠 탑은 프랑스 파리에서 찾을 수 있다. 그것은 1889년에 만들어진 철탑이다. 324미터 높이이며, 프랑스에서 가장 중요한 건물 중 하나이다. 매년 600만 명이 넘는 사람들이 이것을 보기 위해 온다. 이런 점이 이 탑을 세계에서 가장 인기 있는 건축물로 만들었다. 이 건축물은 세계 각국의 사람들로부터 모방되었다. 중국, 미국, 폴란드, 그리고 다른 많은 국가들이 에펠 탑과 비슷하게 생긴 건축물을 갖고 있다.

27. 어디에서 원본 에펠 탑을 볼 수 있습니까?

(A) 미국

(B) 중국

(C) 프랑스

(D) 폴란드

28. 지문에 따르면, 에펠 탑에 관해 옳은 것은 무엇입니까?

(A) 짓는 데 많은 비용이 들었다.

(B) 관광객에게 닫혀있다.

(C) 매년 많은 관광객을 끈다.

(D) 프랑스에서는 추하다고 여겨진다.

풀이 원본 에펠 탑은 프랑스 파리에 있으므로 27번의 정답은 (C)이다. 비용에 관한 것과 프랑스 사람들의 인식에 대해서는 언급되지 않았기 때문에 (A)와 (D)는 오답이다. 매년 600만명이 넘는 관광객이 온다고 했으므로 28번의 정답은 (C)이다.

Words and Phrases iron 철 popular 인기 있는 original 원본의, 원래의

[29-30]

The largest flower in the world is called the corpse flower. It is called so because it smells like a corpse (dead body). The flower's really bad smell brings flies and other insects to the plant. The flies land on the flower, thinking it is meat they can eat. The flies move from corpse flower to corpse flower the way bees move between normal flowers. The flowers need the flies to do this in order to make seeds.

29. What does the corpse flower smell like?
    (A) **a dead body**
    (B) a sticky seed
    (C) a small insect
    (D) a fresh hamburger

30. Why does the corpse flower smell this way?
    (A) to catch meat to eat
    (B) to scare off animals
    (C) **to attract insects to it**
    (D) to make females happy

해석 세계에서 가장 큰 꽃은 corpse flower라고 불린다. 이렇게 불리는 이유는 꽃에서 시체 냄새가 나기 때문이다. 이 꽃의 정말 좋지 않은 냄새는 파리나 다른 곤충들을 유인한다. 파리는 그것이 먹을 수 있는 고기 종류라고 생각하고 꽃에 앉는다. 마치 벌들이 일반적인 꽃들 사이에서 움직이듯이 파리들은 한 corpse flower에서 다른 corpse flower로 이동한다. 이 꽃들이 씨앗을 만들기 위해서는 파리들이 그렇게 해주어야만 한다.

29. corpse flower에서는 어떤 냄새가 납니까?
(A) 시체
(B) 끈적이는 씨앗
(C) 작은 곤충
(D) 신선한 햄버거

30. corpse flower에서 그러한 냄새가 나는 이유는 무엇입니까?
(A) 먹을 고기를 잡기 위해서
(B) 동물들을 겁주기 위해서
(C) 벌레들을 유인하기 위해서
(D) 암꽃을 행복하게 하기 위해서

풀이 시체 냄새가 나서 corpse flower라는 이름을 얻게 되었다고 언급되어 있으므로 29번의 정답은 (A)이다.
해당 냄새를 통해 파리들을 불러 꽃들 사이를 오가게 함으로써 씨앗을 만든다고 되어있으므로 30번의 정답은 (C)이다.

Words and Phrases   corpse 시체 normal 보통의 attract 주의를 끌다, 유혹하다

TOSEL JUNIOR

실전 4회

Section I Listening and Speaking

Part A. Listen and Respond (p. 83)

1. Boy: Where's the ice cream?
   Girl: _____
   (A) It is in the freezer.
   (B) It is sweet and creamy.
   (C) Is it too salty?
   (D) I like to eat chocolate.
해석 소년: 아이스크림은 어디에 있어?
   소녀: _____
   (A) 그것은 냉동실에 있어.
   (B) 그것은 달콤하고 크림 같아.
   (C) 그것은 너무 짜니?
   (D) 나는 초콜릿 먹는 것을 좋아해.
풀이 아이스크림이 어디에 있는지 묻고 있으므로 위치를 말한 (A)가 정답이다.
Words and Phrases freezer 냉동실 salty 짠

2. Girl: When do you do your math homework?
   Boy: _____
   (A) Math is my favorite subject.
   (B) English isn't easy.
   (C) I go to bed at ten.
   (D) I do it after school.
해석 소녀: 너는 언제 수학 숙제를 하니?
   소년: _____
   (A) 수학은 내가 가장 좋아하는 과목이야.
   (B) 영어는 쉽지 않아.
   (C) 나는 10시에 자러 가.
   (D) 나는 방과 후에 그것을 해.
풀이 수학 숙제를 언제 하는지 묻고 있으므로 숙제 하는 시간에 대한 표현인 (D)
   가 정답이다.
Words and Phrases subject 과목 after school 방과 후에

3. Boy: How often does your father go for walks?
   Girl: _____
   (A) It's a long walk to the store.
   (B) His name is Fido.
   (C) He can catch a ball.
   (D) He goes for a walk three times a week.
해석 소년: 너의 아버지는 얼마나 자주 산책하러 가셔?
   소녀: _____
   (A) 가게까지는 오래 걸어야 해.
   (B) 그의 이름은 Fido야.
   (C) 그는 공을 잡을 수 있어.
   (D) 그는 일주일에 세 번 산책을 가셔.
풀이 소년은 아버님이 산책을 가는 빈도를 물어보고 있으므로 횟수를 나타내는
   (D)가 정답이다.
Words and Phrases go for a walk 산책 가다 catch 잡다

4. Girl: That smells terrible! Did you burn our food?
   Boy: _____
   (A) I want cereal.
   (B) Are there more strawberries?
   (C) Yes. I burnt the toast.
   (D) Where is the apple sauce?
해석 소녀: 냄새가 정말 끔찍해! 너 우리의 음식을 태웠니?
   소년: _____
   (A) 나는 시리얼을 원해.
   (B) 딸기가 더 있니?
   (C) 응. 나는 토스트를 태웠어.
   (D) 사과 소스가 어디 있니?
풀이 음식을 태웠냐고 묻고 있으므로 토스트를 태웠다고 답하는 (C)가 정답이다.
Words and Phrases smell 냄새, 냄새가 나다 terrible 끔찍한
                   burn 태우다 (burn-burnt-burnt) cereal 시리얼

5. Boy: I love to sing to my grandparents.
   Girl: _____
   (A) The music is loud.
   (B) They love to hear your songs.
   (C) I'm too old to dance.
   (D) She is a special friend.
해석 소년: 나는 나의 할머니, 할아버지께 노래 불러 드리는 것을 좋아해.
   소녀: _____
   (A) 음악소리가 너무 크네.
   (B) 그들은 너의 노래를 듣는 것을 좋아하셔.
   (C) 나는 춤추기엔 너무 늙었어.

(D) 그녀는 특별한 친구야.

풀이 소년은 할머니, 할아버지께 노래 불러드리는 것을 좋아한다고 했으므로, 이에 대한 그들의 반응을 얘기한 (B)가 정답이다.

Words and Phrases loud 소리가 큰 too ~ to……하기에 너무 ~한

6. Girl: I lost my watch in the park.
   Boy: _____
   (A) I have a new watch.
   (B) Let's go look for it.
   (C) My watch has a leather strap.
   (D) Is your watch broken?

해석 소녀: 나는 공원에서 내 시계를 잃어버렸어.
   소년: _____
   (A) 나는 새로운 시계를 가지고 있어.
   (B) 가서 찾아보자.
   (C) 나의 시계에는 가죽 끈이 있어.
   (D) 너의 시계가 고장났니?

풀이 시계를 잃어버렸다고 말하는 소녀에게 그것을 찾으러 가보자고 말하는 (B)가 정답이다.

Words and Phrases look for ~을 찾다 leather 가죽 strap 끈 break 깨다, 고장나다 (break-broke-broken)

7. Boy: Where is your father going on his business trip?
   Girl: _____
   (A) He's going to Japan.
   (B) I will miss him very much.
   (C) He always flies by plane.
   (D) I like to travel.

해석 소년: 너의 아버지는 출장으로 어디에 가시니?
   소녀: _____
   (A) 그는 일본에 가실 거야.
   (B) 나는 그를 매우 그리워 할거야.
   (C) 그는 항상 비행기로 비행을 해.
   (D) 나는 여행하는 것을 좋아해.

풀이 너의 아버지가 어디로 가시냐고 묻고 있기 때문에 장소에 대한 대답인 (A)가 정답이다.

Words and Phrases business trip 출장 trip 여행 miss 그리워하다

8. Girl: I think my cat ran away.
   Boy: _____
   (A) He is a happy dog.
   (B) I prefer dogs.
   (C) When did you see him last?
   (D) Is that your cat?

해석 소녀: 내 고양이가 도망간 것 같아.
   소년: _____
   (A) 그는 행복한 개야.
   (B) 나는 개를 더 선호해.
   (C) 너는 그를 마지막으로 언제 보았니?
   (D) 그것은 너의 고양이야?

풀이 고양이가 도망간 것 같다고 얘기하고 있으므로, 그를 언제 마지막으로 보았는지 물어보는 (C)가 이어질 대답으로 가장 적절하다.

Words and Phrases run away 도망가다 prefer ~을 더 선호하다

last 마지막에

9. Boy: How many cousins do you have?
   Girl: _____
   (A) My cousins are great people.
   (B) My cousin is five years older than me.
   (C) He's not my cousin.
   (D) I have four cousins.

해석 소년: 너는 몇명의 사촌이 있니?
   소녀: _____
   (A) 나의 사촌들은 훌륭한 사람들이야.
   (B) 나의 사촌은 나보다 5살이 많아.
   (C) 그는 나의 사촌이 아니야.
   (D) 나는 4명의 사촌이 있어.

풀이 질문에서 몇 명의 사촌이 있냐고 묻고 있으므로 이에 대한 적절한 대답은 사촌의 수를 말하는 (D)이다.

Words and Phrases cousin 사촌, 친척

10. Girl: I really want some green vegetables with dinner.
   Boy: _____
   (A) He doesn't eat green vegetables.
   (B) Ok. Let's eat them with chicken.
   (C) Dinner is pretty good.
   (D) The chicken is well done.

해석 소녀: 나는 저녁 식사에 녹색 야채들을 함께 먹기를 정말 원해.
   소년: _____
   (A) 그는 녹색 야채를 먹지 않아.
   (B) 그래. 그것들을 닭고기와 함께 먹자.
   (C) 저녁식사가 꽤나 좋구나.
   (D) 닭고기가 잘 익었어.

풀이 소녀는 저녁 식사에서 녹색 야채들을 먹고 싶다고 말하고 있으므로 이에 대한 대답으로는 (B)가 가장 적절하다.

Words and Phrases with ~와 함께 pretty 예쁜, 꽤나 well done 잘 익혀진

Part B. Listen and Retell (p. 84)

11. Boy: I'll run to go home.
   Girl: It's too far away.
   Boy: I know, but I want to exercise.
   Question: How will the boy get home?
   (A) by walking
   (B) by car
   (C) by bike
   (D) by running

해석 소년: 나는 집에 뛰어서 갈 거야.
   소녀: 집은 너무 멀리 있어.
   소년: 알아, 하지만 난 운동을 하고 싶어.
   질문: 소년은 집에 어떻게 갈 것입니까?
   (A) 걸어서
   (B) 차를 타고
   (C) 자전거를 타고
   (D) 달려서

풀이 소년은 뛰어서 집에 가겠다고 이야기 했으므로 (D)가 정답이다.

Words and Phrases far away 멀리 떨어져 get home 집에 도착하다

소년: 응. 그것은 매우 흥미로웠어.

소녀: 알아. 나는 모든 공룡 뼈들이 좋았어.

질문: 그들이 방문했던 곳은 어디입니까?

(A) 공룡들

(B) 새 박물관

(C) 영화관

(D) 식당

풀이 소년과 소녀는 새로운 박물관에 방문했던 얘기를 나누고 있으므로 정답은 (B)이다.

Words and Phrases visit 방문하다 museum 박물관 interesting 흥미로운 know 알다 dinosaur 공룡 bone 뼈 theater 영화관

12. Girl: Our house has a big fence.
    Boy: Why do you have a fence?
    Girl: So our dog stays in the yard.
    Question: Where does the dog stay?
    (A) in the room
    (B) on the fence
    (C) on the tree
    (D) in the yard

해석 소녀: 우리 집은 큰 울타리를 가지고 있어.

소년: 왜 울타리를 가지고 있니?

소녀: 우리 개를 마당 안에 머물게 하기 위해서야.

질문: 개는 어디에 머무릅니까?

(A) 방 안에

(B) 울타리 위에

(C) 나무 위에

(D) 마당 안에

풀이 개를 마당에 머무르게 하기 위해 울타리를 쳤다고 했으므로 개는 마당 안에 머문다는 것을 알 수 있다. 따라서 정답은 (D)이다.

Words and Phrases fence 울타리 stay in ~안에 머무르다 so ~하기 위해 yard 마당

13. Boy: The country is so calm and quiet.
    Girl: Yes, but I like the city better.
    Boy: Not me! I love the country.
    Question: What does the girl like better?
    (A) quiet
    (B) calm
    (C) country
    (D) city

해석 소년: 시골은 매우 차분하고 조용해.

소녀: 응, 하지만 나는 도시가 더 좋아.

소년: 나는 그렇지 않아! 나는 시골을 사랑해.

질문: 소녀는 무엇을 더 좋아합니까?

(A) 조용한

(B) 차분한

(C) 시골

(D) 도시

풀이 소녀는 도시가 더 좋다고 했으므로 시골과 도시 중에 도시를 얘기한 (D)가 정답이다. (C)는 소년이 더 좋아하는 것이므로 오답이다.

Words and Phrases country 시골 calm 차분한 quiet 조용한

14. Girl: Did you visit the new museum?
    Boy: Yes. It was very interesting.
    Girl: I know. I loved all the dinosaur bones.
    Question: Where did they visit?
    (A) the dinosaurs
    (B) the new museum
    (C) the theater
    (D) the restaurant

해석 소녀: 너는 새 박물관에 방문했니?

15. Boy: Did it rain this morning?
    Girl: Yes. It rained for two hours.
    Boy: Oh no! I forgot to close the windows!
    Question: When did it rain?
    (A) this morning
    (B) this afternoon
    (C) yesterday morning
    (D) yesterday afternoon

해석 소년: 오늘 아침에 비가 내렸어?

소녀: 응. 2시간 동안 비가 내렸어.

소년: 오 안돼! 나는 창문 닫는 것을 잊었어!

질문: 비는 언제 내렸습니까?

(A) 오늘 아침에

(B) 오늘 오후에

(C) 어제 아침에

(D) 어제 오후에

풀이 소녀가 오늘 아침에 비가 내렸다고 말했으므로 정답은 (A)이다.

Words and Phrases for (시간) ~동안 forget to ~하는 것을 잊다

16. Girl: Do you have a favorite season?
    Boy: No. I like them all.
    Girl: Not me, I like summer the best.
    Question: What season does the girl like best?
    (A) spring
    (B) summer
    (C) winter
    (D) all seasons

해석 소녀: 너는 가장 좋아하는 계절이 있어?

소년: 아니. 나는 모든 계절을 좋아해.

소녀: 나는 그렇지 않아. 나는 여름을 가장 좋아해.

질문: 소녀가 가장 좋아하는 계절은 무엇입니까?

(A) 봄

(B) 여름

(C) 겨울

(D) 모든 계절

풀이 소년은 모든 계절을 좋아한다고 했지만, 소녀는 여름을 가장 좋아한다고 했으므로 정답은 (B)이다.

Words and Phrases the best 최고의, 가장

17. Boy: Did you sleep well last night?
    Girl: No, my neighbors were too noisy.

Boy: Why don't you go to bed earlier?
Question: Who was too noisy?
    (A) her sister
    (B) her brother
    (C) the neighbors
    (D) her friends

해석 소년: 어젯밤에 잘 잤어?
    소녀: 아니, 나의 이웃들이 너무 시끄러웠어.
    소년: 잠자리에 더 일찍 드는 것은 어때?
    질문: 누가 너무 시끄러웠습니까?
    (A) 소녀의 여동생
    (B) 소녀의 남동생
    (C) 이웃들
    (D) 소녀의 친구들

풀이 소녀는 어젯밤 시끄러운 이웃들 때문에 잠을 잘 자지 못했다고 했으므로 정답은 (C)이다.

Words and Phrases sleep well 잠을 잘 자다 neighbor 이웃 early 일찍
    noisy 시끄러운 why don't you ~? ~하는 것은 어떻니?

[18-19]
Girl: Cicadas are insects that are 2.5 to 5 cm long. The cicadas wait for the ground and air to be 18℃ or warmer and come out at the same time every year. It takes 90 minutes for the cicada's wings to come out and be used once they come out of their home in the ground.

18. What is not the size of cicada?
    (A) 2.5 cm
    (B) 3 cm
    (C) 4.5 cm
    (D) 6 cm

19. Where do cicadas live?
    (A) in the ground
    (B) in the snow
    (C) in the water
    (D) in the summer

해석 소녀: 매미는 2.5cm에서 5cm 길이의 벌레이다. 매미는 땅과 공기가 18℃가 되거나 더 따뜻해지기를 기다린다. 그리고 매년 같은 때에 밖으로 나온다. 매미가 땅에 있는 그들의 집에서 밖으로 나오면, 날개가 밖으로 나오고 사용되는 데에는 90분의 시간이 걸린다.

18. 매미의 크기가 아닌 것은 무엇입니까?
    (A) 2.5cm
    (B) 3 cm
    (C) 4.5 cm
    (D) 6 cm

19. 매미는 어디에 삽니까?
    (A) 땅 속에
    (B) 눈 속에
    (C) 물 속에
    (D) 여름에

풀이 매미는 2.5cm에서 5cm 길이의 곤충이라고 했으므로 18번의 정답은 (D)이다.
    매미의 집은 땅 속에 있다고 했으므로 19번의 정답은 (A)이다.

Words and Phrases cicada 매미 insect 벌레, 곤충 come out 밖으로 나오다
    wait for ~ to… ~가 …하기를 기다리다
    at the same time 동시에 take 시간이 걸리다
    once 일단 …하면

[20-21]
Boy: Jennifer, 18 years old, comes from New Orleans in the United States. She likes talking about the differences between Europe and North America. She loves riding her horse, Jackie, and listening to jazz music.
Alex, 25 years old, comes from Rome. He is interested in finding a pen pal. He hopes the pen pal speaks different languages. He also hopes he can talk about computers with the pen pal because he wants to learn more about computers.

20. What does Jennifer like to do?
    (A) to speak in English
    (B) to listen to rock music
    (C) to talk about Europe and North America
    (D) to play tennis

21. Why does Alex want to talk about computers with his pen pal?
    (A) because he likes other languages
    (B) because he wants to learn more
    (C) because computers are his hobby
    (D) because he plays sports

해석 소년: 18살의 Jennifer는 미국의 New Orleans에서 왔다. 그녀는 유럽과 북미의 차이점에 대해 얘기하기를 좋아한다. 그녀는 그녀의 말 Jackie를 타는 것을 좋아하고, 재즈 음악 듣는 것을 좋아한다.
    25살의 Alex는 로마에서 왔다. 그는 펜팔 친구 찾는 것에 흥미가 있다. 그는 펜팔 친구가 다른 언어를 말하기를 희망한다. 그는 또한 그가 그의 펜팔과 컴퓨터에 대해 얘기할 수 있기를 희망한다. 왜냐하면 그는 컴퓨터에 대해 더 배우고 싶기 때문이다.

20. Jennifer는 무엇을 하는 것을 좋아합니까?
    (A) 영어로 말하기
    (B) 록 음악을 듣기
    (C) 유럽과 북미에 대해 이야기하기
    (D) 테니스 치기

21. 왜 Alex는 그의 펜팔과 컴퓨터에 대해 이야기하기를 원합니까?
    (A) 그는 다른 언어를 좋아하기 때문에
    (B) 그는 더 배우기를 원하기 때문에
    (C) 컴퓨터는 그의 취미이기 때문에
    (D) 그는 스포츠를 하기 때문에

풀이 Jennifer는 유럽과 북미의 차이점에 대해 얘기하기를 좋아한다고 했으므로 20번의 정답은 (C)이다.
    Alex는 컴퓨터에 대해 더 배우고 싶기 때문에 펜팔과 컴퓨터에 대해 얘기하고 싶다고 했으므로 21번의 정답은 (B)이다.

talk about ~에 대해 얘기하다 difference 차이점
between A and B A와 B 사이에
be interested in ~에 흥미가 있다 learn 배우다

[22-23]

Girl: Ratatouille is a movie about a rat named Remy. He likes food a lot. He wants to become a chef. Remy finds himself in Gusteau's restaurant, an old, famous Paris restaurant. Remy wants to cook and become a famous chef in Paris. Remy must work with a clumsy garbage boy named Lingini who works at Gusteau's. Together the food they make is so delicious that everyone wants it.

22. What is the name of the movie?

(A) **Ratatouille**
(B) Remy
(C) Gusteau
(D) Lingini

23. What kind of animal is Remy?

(A) a cat
(B) a dog
(C) **a rat**
(D) a rabbit

해석 소녀: Ratatouille는 Remy라는 이름의 쥐에 관한 영화이다. 그는 음식을 무척 좋아한다. 그는 요리사가 되기를 원한다. Remy는 오래되고 유명한 파리의 Gusteau's 식당에서 자신이 무엇을 하고 싶은지를 찾는다. Remy는 요리를 하고, 파리의 유명한 요리사가 되기를 원한다. Remy는 Gusteau's의 식당에서 일하는 어설프고 형편없는 Lingini라는 소년과 함께 일해야만 한다. 그들이 함께 만든 음식은 매우 맛있어서 모두가 그것을 원한다.

22. 이 영화의 이름은 무엇입니까?

(A) Ratatouille
(B) Remy
(C) Gusteau
(D) Lingini

23. Remy는 어떤 종류의 동물입니까?

(A) 고양이
(B) 개
(C) 쥐
(D) 토끼

풀이 지문의 첫 번째 줄에서 이 영화의 이름은 Ratatouille라고 소개하고 있으므로 22번의 정답은 (A)이다. (B)는 주인공 쥐의 이름, (C)는 그가 일하는 식당의 이름, (D)는 그가 함께 일하는 동료의 이름이다.
Remy는 쥐이므로 23번의 정답은 (C)이다.

Words and Phrases a lot 많이 become ~이 되다
find oneself 어떠한 상태에 있는 자신을 발견하다
chef 요리사 clumsy 어설픈 garbage 쓰레기, 형편 없는 work at ~에서 일하다 so ~ that … 너무 ~해서 … 하다 delicious 맛있는

[24-25]

Boy: The game of basketball was invented by James Naismith in 1891. Naismith was a Canadian physical education teacher and wanted his students to play sports in the winter. In the original game, which he made for the YMCA, Naismith used a soccer ball which was thrown into big baskets. The first basketball game was in the USA, on March 11, 1892. Basketball was first played at the Olympics in Berlin, Germany in 1936.

24. What year was the first basketball game played?

(A) 1891
(B) **1892**
(C) 1936
(D) 1992

25. What country was James Naismith from?

(A) Germany
(B) America
(C) Mexico
(D) **Canada**

해석 소년: 농구경기는 1891년에 James Naismith에 의해 발명되었다. Naismith는 캐나다인 체육 선생님이었고, 그는 그의 학생들이 겨울에도 운동을 하기를 원했다. 그가 YMCA를 위해 만든 최초의 게임(원래의 게임)에서, Naismith는 큰 바구니에 던져 넣어지는 축구공을 사용했다. 최초의 농구 경기는 미국에서 1892년 3월 11일에 열린 경기였다. 농구는 1936년 독일의 베를린 올림픽에서 처음으로 실시되었다.

24. 첫 번째 농구경기가 열린 해는 언제입니까?

(A) 1891
(B) 1892
(C) 1936
(D) 1992

25. James Naismith는 어느 나라 사람입니까?

(A) 독일
(B) 미국
(C) 멕시코
(D) 캐나다

풀이 첫 번째 농구 경기는 미국에서 1892년 3월 11일에 열렸다고 했으므로 24번의 정답은 (B)이다.
Naismith는 캐나다인 체육 선생님이었다고 했으므로 25번의 정답은 (D)이다.

Words and Phrases invent 발명하다 physical 육체적인, 체육의
original 원래의 throw into ~로 던지다

PART C. Listen and Speak (p. 88)

26. Girl: Do you have any hobbies?
Boy: Yes. I like to roller blade.
Girl: Where do you usually roller blade?
Boy: _____

(A) I go really fast.

(B) It's too big.

(C) Under the umbrella.

(D) In the park.

해석 소녀: 너는 취미를 가지고 있어?

소년: 응. 나는 롤러 브레이드타는 것을 좋아해.

소녀: 너는 보통 어디서 롤러블레이드를 타?

소년: _____

(A) 나는 매우 빨리 가.

(B) 그것은 너무 커.

(C) 우산 아래에서.

(D) 공원에서.

풀이 소녀가 어디서 롤러블레이드를 타는지 물었으므로, 장소에 대한 대답인 (D) 가 가장 적절하다.

Words and Phrases usually 보통

27. Boy: I'm moving to a new apartment.

Girl: Where is it?

Boy: It's on Maple Drive. Do you know that street?

Girl: _____

(A) It's a long walk.

(B) Yes, my aunt lives there.

(C) There is a lot of traffic.

(D) The apartment is new.

해석 소년: 나는 새로운 아파트로 이사를 가.

소녀: 거기가 어딘데?

소년: 그건 Maple Drive에 있어. 너는 그 거리를 알아?

소녀: _____

(A) 많이 걸어야 돼.

(B) 응. 나의 이모/고모가 거기에 살고 있어.

(C) 엄청난 교통량이 있어.

(D) 그 아파트는 새 거야.

풀이 소년이 Maple Drive라는 거리에 대해 알고 있냐고 물었으므로, 소녀의 대답으로 적절한 것은 (B)이다.

Words and Phrases move 이사하다 traffic 교통량

28. Girl: I need to go to the dentist.

Boy: Why?

Girl: I have a terrible toothache.

Boy: _____

(A) The dentist is scary.

(B) I need to brush my teeth.

(C) I hope you feel better.

(D) I love the dentist.

해석 소녀: 나는 치과의사에게 가야 해.

소년: 왜?

소녀: 나는 끔찍한 치통이 있어.

소년: _____

(A) 그 치과의사는 무서워.

(B) 나는 양치를 해야 해.

(C) 나는 네가 괜찮아지기를 바래.

(D) 나는 그 치과 의사가 아주 좋아.

풀이 치통이 있다는 소녀의 말에 대해 소년의 대답으로 적절한 것은 (C)이다.

Words and Phrases dentist 치과 의사 terrible 끔찍한 toothache 치통

brush one's teeth 양치하다

29. Boy: I'd better clean my room.

Girl: Is it very messy?

Boy: Yes. I have dirty clothes everywhere.

Girl: _____

(A) You need to do some laundry.

(B) You need to clean the windows.

(C) There's an hour left.

(D) Don't clean the clothes.

해석 소년: 나는 내 방을 치우는 게 좋겠어.

소녀: 많이 지저분해?

소년: 응. 모든 곳에 더러운 옷들이 있어.

소녀: _____

(A) 너는 세탁을 좀 할 필요가 있어.

(B) 너는 창문을 깨끗이 할 필요가 있어.

(C) 한 시간이 남았어.

(D) 옷을 치우지마.

풀이 소년이 더러운 옷이 많다고 이야기를 하고 있으므로, 세탁을 할 필요가 있다 고 조언하는 (A)가 소녀의 대답으로 가장 적절하다.

Words and Phrases had better ~하는 것이 더 낫다 messy 지저분한

need to ~할 필요가 있다 do laundry 세탁을 하다

30. Boy: Do you like peanuts?

Girl: No. I don't eat any nuts.

Boy: Why not?

Girl: _____

(A) Pass the nuts, please.

(B) Nuts are good for me.

(C) I'm allergic to nuts.

(D) I love all nuts.

해석 소년: 너 땅콩 좋아해?

소녀: 아니. 나는 어떠한 견과류도 먹지 않아.

소년: 왜 안 먹어?

소녀: _____

(A) 땅콩 좀 건네줘.

(B) 견과류는 나에게 좋아.

(C) 나는 견과류에 알레르기가 있어.

(D) 나는 모든 견과류를 좋아해.

풀이 왜 견과류를 좋아하지 않느냐는 소년의 질문에 견과류를 좋아하지 않는 이유 를 설명하고 있는 (C)가 소녀의 대답으로 가장 적절하다.

Words and Phrases any 몇몇의, 어떠한 것도(보통 부정문, 의문문에서 쓰임)

good for~ ~에 좋은

Section II Reading and Writing

Part A. Sentence Completion (p. 91)

1. A: Where is the post office?
   B: It's _____ the corner.
   (A) on
   (B) next
   (C) from
   (D) between
해석 A: 우체국은 어디에 있어?
    B: 그것은 모퉁이에 있어.
    (A) ~(위)에
    (B) 다음
    (C) ~로부터
    (D) ~사이에
풀이 우체국이 어디 있는지 묻는 질문에 모퉁이에 있다는 표현인 'on the corner'로 대답하는 것이 적절하다. 그러므로 (A)가 정답이다.
Words and Phrases post office 우체국

2. A: Are you afraid of spiders?
   B: Yes. I scream when I see _____.
   (A) they
   (B) them
   (C) their
   (D) theirs
해석 A: 너 거미를 무서워하니?
    B: 응, 나는 그것들을 볼 때마다 소리를 질러.
    (A) 그것은/이/가
    (B) 그것들을
    (C) 그것들의
    (D) 그것들의 것
풀이 동사 뒤 목적어의 자리이므로 목적어 형태의 대명사인 (B)가 정답이다. (D)는 문맥상 어색하므로 오답이다.
Words and Phrases afraid 두려운 spider 거미 scream 소리지르다

3. A: _____ every day?
   B: No, I run twice a week.
   (A) Do you run
   (B) Are you run
   (C) Did you run
   (D) Were you run
해석 A: 너는 매일 달리니?
    B: 아니, 나는 일주일에 두 번 달려.
    (A) 달리니
    (B) 틀린 표현
    (C) 달렸니
    (D) 틀린 표현
풀이 '매일'로 물어본 것으로 보아 습관을 묻는 현재형이 쓰여야 함을 알 수 있다.

그러므로 (A)가 정답이다.
Words and Phrases every day 매일 twice 두 번

4. A: Where is your washing machine?
   B: _____ in the laundry room.
   (A) Its
   (B) It's
   (C) Their
   (D) They're
해석 A: 세탁기는 어디에 있니?
    B: 그것은 세탁실에 있어.
    (A) 그것의
    (B) 그것은
    (C) 그것들의
    (D) 그것들은
풀이 빈칸에는 앞서 말한 'washing machine'을 지칭하는 대명사인 It으로 대답을 하는 것이 적절하다. 빈칸 뒤 바로 전치사구가 나와있으므로 be동사와 함께 쓰인 (B)가 정답이다.
Words and Phrases washing machine 세탁기 laundry room 세탁실

5. A: _____ floor is the library on?
   B: It's on the 7th floor.
   (A) When
   (B) What
   (C) Where
   (D) Whose
해석 A: 어느 층에 도서관이 있습니까?
    B: 7층입니다.
    (A) 언제
    (B) 어느
    (C) 어디에
    (D) 누구의 것
풀이 도서관이 몇 층에 있냐고 묻는 것이 가장 적절하므로 정답은 (B)이다.
Words and Phrases floor 층 library 도서관

Part B. Situational Writing (p. 92)

6. The man _____.
   (A) uses a rake to clean the yard
   (B) uses a broom to sweep the sidewalk
   (C) uses a shovel to move dirt
   (D) uses a hammer to fix a fence
해석 남자가 갈퀴를 사용해 마당을 청소한다.
    (A) 갈퀴로 마당을 청소하다
    (B) 빗자루로 보도를 쓸다
    (C) 삽으로 흙을 옮기다
    (D) 망치로 울타리를 고치다
풀이 그림에서 남자가 갈퀴를 사용하고 있으므로 가장 적절한 답은 (A)이다.
Words and Phrases rake 갈퀴 broom 빗자루 shovel 삽 hammer 망치

7. The girl _____.
    (A) cleans her room
    (B) helps her father fix the car
    (C) opens the car window
    (D) looks at a car in a store window
해석 소녀는 아버지가 자동차를 고치는 것을 돕고 있다.
    (A) 그녀의 방을 청소한다
    (B) 그녀의 아버지가 자동차를 고치는 것을 돕는다
    (C) 자동차 창문을 연다
    (D) 진열창에 있는 차를 본다
풀이 그림에서 소녀는 아버지가 자동차를 고치는 것을 돕고 있다. 따라서 가장 적
    절한 답은 (B)이다.
Words and Phrases store window 진열창

8. Two men are _____.
    (A) carrying a large box
    (B) putting down a book case
    (C) moving a big table
    (D) packing a suitcase
해석 두 남자가 큰 상자를 옮기고 있다.
    (A) 큰 상자를 옮기고 있다
    (B) 책장을 내려놓고 있다
    (C) 큰 탁자를 옮기고 있다
    (D) 여행가방을 싸고 있다
풀이 그림에서 두 남자가 상자를 옮기고 있으므로 정답은 (A)이다.

9. The boy is placing toy soldiers _____.
    (A) next to the box
    (B) in front of the box
    (C) on the top of the box
    (D) around the bottom of the box
해석 소년이 장난감 병정을 상자 위에 놓고 있다.
    (A) 상자 옆에
    (B) 상자 앞에
    (C) 상자 위에
    (D) 상자 바닥 주변에
풀이 장난감 병정들이 상자 위에 놓여 있으므로 (C)가 정답이다.
Words and Phrases toy soldier 장난감 병정

10. The boy is _____.
    (A) eating an apple
    (B) handing back a test
    (C) talking to his friends
    (D) giving an apple to the teacher
해석 소년이 사과를 선생님께 드리고 있다.
    (A) 사과를 먹고 있다
    (B) 테스트를 돌려드리고 있다
    (C) 친구에게 말하고 있다
    (D) 선생님께 사과를 드리고 있다
풀이 그림에서 소년은 선생님께 사과를 드리고 있으므로 (D)가 정답이다.
Words and Phrases hand back 돌려주다

Part C. Practical Reading and Retelling (p. 95)

[11-12]

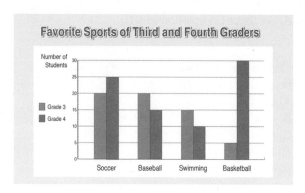

11. How many students in total like baseball?
    (A) 15
    (B) 20
    (C) 25
    (D) 35

12. Which sport is the least popular among fourth grade students?
    (A) soccer
    (B) baseball
    (C) swimming
    (D) basketball

해석 3학년과 4학년의 가장 좋아하는 스포츠

	축구	야구	수영	농구공
3학년	20	20	15	5
4학년	25	15	10	30

11. 야구를 좋아하는 학생은 총 몇 명입니까?
    (A) 15
    (B) 20
    (C) 25
    (D) 35

12. 4학년 학생들에게 가장 인기 없는 운동은 어느 것입니까?
    (A) 축구
    (B) 야구
    (C) 수영
    (D) 농구

풀이 3학년 학생 중 20명이 야구를 좋아하고, 4학년은 15명이 좋아하므로 야구를
    좋아하는 학생은 총 35명이다. 따라서 11번의 답은 (D)이다.
    4학년 학생 중 가장 적은 수가 좋아하는 운동은 수영이므로 12번의 답은
    (C)이다.

[13-14]

BLUE WHALE FACTS

The blue whale is the largest animal on the Earth. It has grayish-blue skin with light spots. It has about 300 to 400 plates instead of teeth. It uses the plates to get food from the ocean water.

- The blue whale is 70 to 80 feet long on average. It can weigh as much as 150tons.
- The female is larger than the male.
- There are between 1,300 to 2,000 blue whales in the world.
- The blue whale lives for 80 years.
- The blue whale swims 14 miles per hour. It can dive as deep as 1,640 feet.
- Usually it travels alone or in small groups of two to four.

13. What is the average length of the blue whale?
(A) 70 - 80 feet
(B) 80 - 150 feet
(C) 300 - 400 feet
(D) 1440 - 1640 feet

14. What do blue whales look like?
(A) They have big teeth.
(B) They have spots on their skin.
(C) They dive very deep into the lake.
(D) There are around 13,000 of them.

해석

대왕고래에 관한 사실들

· 대왕고래는 지구에서 가장 큰 동물이다. 대왕고래는 밝은 점박이가 박힌 청회색 피부를 가지고 있다. 대왕고래는 이빨 대신에 300에서 400개의 판을 가지고 있다. 대왕고래는 바닷물로부터 음식을 얻기 위해 이 판을 사용한다.
· 대왕고래는 길이가 평균적으로 70에서 80피트 정도이다. 무게는 150톤만큼이나 나간다. 암컷이 수컷보다 훨씬 더 크다.
· 세계에는 1300에서 2000마리 정도의 대왕고래들이 존재한다.
· 대왕고래는 80년 정도를 산다.
· 대왕고래는 1시간에 14마일을 수영할 수 있다. 대왕고래들은 1,640피트만큼이나 깊이 잠수할 수 있다. 보통 그들은 홀로 이동 하거나 또는 2마리에서 4마리로 이루어진 작은 그룹을 지어 다닌다.

13. 대왕고래의 평균 길이는 어느 정도입니까?
(A) 70 – 80피트
(B) 80 – 150피트
(C) 300 – 400피트
(D) 1440 – 1640피트

14. 대왕고래는 어떻게 생겼습니까?
(A) 그들은 큰 이빨을 가지고 있다.
(B) 그들은 그들의 피부에 점박이 문양이 있다.
(C) 그들은 호수로 잠수를 깊이 할 수 있다.
(D) 약 13,000마리 정도가 존재한다.

풀이 지문에서 대왕고래는 길이가 평균적으로 약 70에서 80피트 정도라고 했기 때문에 13번의 정답은 (A)이다.
대왕고래의 청회색 피부 위에는 점박이 문양이 있다고 했으므로 14번의 정답은 (B)이다.

Words and Phrases blue whale 대왕고래 feet 길이의 단위 spot 점박이

weigh 무게가 나가다 female 암컷 male 수컷 dive 잠수하다

[15-16]

15. Where is the school?
(A) at the intersection of Berry Drive and Polo Rise Lane
(B) on the corner of Main Street and Wellington Street
(C) behind Catherine's house
(D) next to the supermarket

16. Which street runs North to South?
(A) Elm Court
(B) Berry Drive
(C) Polo Rise Lane
(D) Wellington Street

해석 15. 학교는 어디 있습니까?
(A) Berry Drive와 Polo Rise Lane의 교차구간에
(B) Main Street와 Wellington Street의 모퉁이에
(C) Catherine의 집 뒤에
(D) 슈퍼마켓의 옆에

16. 북쪽에서 남쪽으로 난 길은 무엇입니까?
(A) Elm Court
(B) Berry Drive
(C) Polo Rise Lane
(D) Wellington Street

풀이 그림에서 학교는 Main Street와 Wellington Street의 모퉁이에 있으므로 15번의 정답은 (B)이다.
보기에서 북쪽에서 남쪽으로 나 있는 도로는 Berry Drive뿐이므로 16번은 (B)가 정답이다.

CAFETERIA MENU

MONDAY	TUESDAY	WEDNESDAY
Oven Fired Chicken	Fish and Chips	Hamburger
Meat Loaf	Spaghetti & Meat Sauce	Chicken Tacos
Mashed Potatoes	Green Beans	Rice and Beans
Green Beans	Fried Potatoes	Green Beans

Plate Lunch ($5.29) includes a main dish, 2 side dishes, bread, iced tea or cold drink

17. What food comes with meat sauce?
(A) oven fried chicken
(B) spaghetti
(C) chicken tacos
(D) fried potatoes

18. How much does a plate lunch cost?
(A) $2.99
(B) $3.79
(C) $5.29
(D) $6.49

해석
학교 식당 메뉴

월요일	화요일	수요일
오븐에 튀긴 치킨	피쉬앤칩스	햄버거
미트 로프	스파게티와 미트소스	치킨 타코
으깬 감자	껍질콩	밥과 콩
껍질콩	감자 튀김	껍질콩

5.29달러의 Plate Lunch에는 주 요리와 2개의 반찬, 빵, 아이스티나 차가운 음료가 포함됩니다.

17. 미트소스와 함께 나오는 음식은 무엇입니까?
(A) 오븐에 튀긴 치킨
(B) 스파게티
(C) 치킨 타코
(D) 감자 튀김

18. 점심 가격은 얼마입니까?
(A) 2.99 달러
(B) 3.79 달러
(C) 5.29 달러
(D) 6.49 달러

풀이 메뉴판을 보면 미트소스와 함께 나오는 음식은 스파게티이므로 17번의 정답은 (B)이다.
Plate Lunch의 가격은 5.29달러라고 메뉴판 아래에 나와 있으므로 18번의 정답은 (C)이다.

Words and Phrases mash 으깨다 loaf 한 덩어리

NEW YORK CITY BUS FARE

One-Day Family	One-Day Single	Three-Day Single	Five-Day Single	Seven-Day Single
$8.80	$6.00	$11.00	$17.30	$21.00
1-Day Family Ticket = 2 adults and 2 children				

19. How many people can use the Family Ticket?
(A) 2 people
(B) 4 people
(C) 5 people
(D) 6 people

20. What ticket is the most expensive?
(A) one-day family
(B) three-day single
(C) five-day single
(D) seven-day single

해석 19. 얼마나 많은 사람들이 가족 티켓을 사용할 수 있습니까?
(A) 2명
(B) 4명
(C) 5명
(D) 6명

20. 어떤 티켓이 가장 비쌉니까?
(A) 1일 가족권
(B) 3일 싱글 이용권
(C) 5일 싱글 이용권
(D) 7일 싱글 이용권

풀이 가족티켓은 2명의 어른과 2명의 아이들이 사용할 수 있다고 되어 있기 때문에 총 4명이 사용할 수 있는 것이므로 19번의 정답은 (B)이다.
가장 비싼 티켓은 21달러인 7일 싱글권이므로 20번의 정답은 (D)이다.

Words and Phrases single 홀로, 혼자 family 가족 adult 성인 expensive 비싼 fare 요금

Part D. General Reading and Retelling (p. 100)

[21–22]

Saint Patrick's Day is celebrated in many countries around the world. In Ireland, where Saint Patrick's Day began, it is a national holiday. This day is to remember Saint Patrick, who lived before the eighth century. Many people wear green clothing, eat green food, and drink Irish drinks. Green is the color of shamrock, a kind of plant which is special for the Irish. There are parades and music. In other countries, it is not a holiday, but it is still a fun day.

21. What is shamrock?
   (A) a plant
   (B) a parade
   (C) a kind of food
   (D) a kind of music

22. What do people NOT do on Saint Patrick's Day?
   (A) They wear green clothes.
   (B) They celebrate with music.
   (C) They plant shamrock.
   (D) They drink Irish drinks.

해석 성 패트릭의 날은 전 세계의 많은 나라에서 기념된다. 성 패트릭의 날이 시작된 아일랜드에서 이 날은 국경일이다. 이 날은 8세기 전에 살았던 성 패트릭을 기리는 날이다. 많은 사람들은 초록색 옷을 입고, 초록색 음식을 먹고, 아일랜드 음료를 마신다. 초록색은 아일랜드 사람들에게 특별한 식물인 토기풀의 색이다. 퍼레이드와 음악이 있다. 다른 나라에서는 휴일은 아니지만, 여전히 즐거운 날이다.

   21. shamrock이 무엇입니까?
   (A) 식물
   (B) 행진
   (C) 음식의 종류
   (D) 음악의 종류

   22. 성 패트릭의 날에 사람들이 하지 않는 것은 무엇입니까?
   (A) 초록색 옷을 입는다.
   (B) 음악과 함께 축하한다.
   (C) shamrock을 심는다.
   (D) 아일랜드 음료를 마신다.

풀이 지문에 따르면 shamrock은 아일랜드 식물 중 하나이므로 21번의 정답은 (A)이다.
   성 패트릭의 날 초록색 옷을 입고 아일랜드 음료도 마시고 음악과 행진을 하지만 shamrock을 심는 일은 하지 않으므로 정답은 (C)이다.
Words and Phrases plant 심다

[23-24]
A wolf wanted to eat a group of sheep, but a shepherd looked after them well. One day, the wolf found the skin of a sheep, so he put it over himself and joined the other sheep in the field. The shepherd did not notice, and it was easy for the wolf to catch the sheep and eat well. This story tells us that sometimes we can be fooled by the way something looks.

23. Why was the shepherd tricked?
   (A) because the wolf ate grass
   (B) because the sheep couldn't see well
   (C) because the wolf wore sheep skin
   (D) because the sheep were difficult to catch

24. What is the lesson of this story?
   (A) Wolves are dangerous.
   (B) We should get rid of wolves.
   (C) We should buy sheep skin to eat.
   (D) We shouldn't be deceived by looks.

해석 늑대는 양무리를 먹고 싶어했지만, 양치기가 양들을 잘 관리했다. 어느 날, 늑대는 양의 털을 발견하고 그것을 덮어 벌판위의 다른 양들 속에 들어갔다. 양치기는 눈치채지 못했고, 늑대가 양을 잡아 먹는것이 쉬워졌다. 이 이야기는 가끔 우리가 겉모습에 속을 수 있다는 것을 말해준다.

   23. 양치기는 왜 속았습니까?
   (A) 늑대가 풀을 먹었기 때문에
   (B) 양들은 잘 보지 못했기 때문에
   (C) 늑대가 양 털을 입었기 때문에
   (D) 양을 잡기가 어려웠기 때문에

   24. 이 이야기의 교훈은 무엇입니까?
   (A) 늑대는 위험하다.
   (B) 늑대들을 없애야 한다.
   (C) 우리는 양 털을 먹기 위해 사야 된다.
   (D) 우리는 겉모습에 속으면 안 된다.

풀이 늑대는 양의 털을 발견하고 양의 무리에 끼어서 양을 잡아 먹었지만 양치기는 그것을 몰랐다고 하고 있으므로 23번의 정답은 (C)이다.
   마지막 문장에 이 이야기는 겉모습에 속을 수 있다는 것을 알려준다고 하고 있으므로 이 이야기의 교훈을 묻는 24번의 정답은 (D)이다.
Words and Phrases skin 피부, 껍질 deceive 속이다

[25-26]
Princess Diana was born in 1961. She married Prince Charles when she was 20 years old. She was a beautiful woman and many people loved her. She had two sons, William and Harry who are now grown up. She helped a lot of people. She helped people with AIDS and also tried to stop landmines from being used in war. She died in 1997 in a car accident.

25. How old was she when she died?
   (A) 20 years old
   (B) 34 years old
   (C) 36 years old
   (D) 49 years old

26. What is NOT true about Princess Diana?
   (A) She was popular.
   (B) She was a mother of two boys.
   (C) She died of AIDS in 1997.
   (D) She helped people who were in need.

해석 Diana 공주는 1961년에 태어났다. 그녀는 20살 때 Charles 왕자와 결혼했다. 그녀는 매우 아름다운 여자였고 많은 사람들이 그녀를 사랑했다. 그녀에겐 지금은 다 성장한 William과 Harry, 두 아들이 있다. 그녀는 많은 사람들을 도와줬다. 그녀는 에이즈에 걸린 사람들을 돕고 지뢰가 전쟁에 사용되지 않도록 노력했다. 그녀는 차 사고로 인해 1997년에 죽었다.

   25. 그녀가 죽었을 때 몇 살이었습니까?
   (A) 20살
   (B) 34살
   (C) 36살
   (D) 49살

   26. 다이아나 공주에 대한 사실이 아닌 것은 무엇입니까?

(A) 그녀는 유명했다.

(B) 그녀는 두 소년의 엄마였다.

(C) 그녀는 에이즈로 1997년에 죽었다.

(D) 그녀는 도움이 필요한 사람들을 도왔다.

풀이 Diana 공주는 1961년에 태어나 1997년에 죽었다. 그녀는 36까지 살고 죽은 것이므로 25번의 정답은 (C)이다.

다이아나 공주는 에이즈가 아닌 차 사고로 죽었으므로 26번의 답은 (C) 이다.

Words and Phrases war 전쟁 AIDS 에이즈 landmine 지뢰

[27-28]

My mother gets up around six every day. She walks around the park with our dog, Terry. My family has breakfast when she gets home. We usually eat cereal and milk. At 8, she gets ready for work. She is a nurse at a hospital. She works really hard and she likes reading on the couch in her free time. She also likes growing vegetables in the backyard.

27. What does the writer's mom do before breakfast?

(A) She walks the dog.

(B) She cleans the backyard.

(C) She waters the vegetables.

(D) She gets ready to go to work.

28. Where does the writer's mom grow vegetables?

(A) in the park

(B) in her office

(C) on the balcony

(D) in the backyard

해석 엄마는 매일 아침 6시쯤에 일어난다. 엄마는 우리 개 Terry와 공원을 산책 한다. 엄마가 집에 오면 우리 가족은 아침을 먹는다. 우리는 보통 시리얼과 우유를 먹는다. 8시에, 엄마는 출근 준비를 한다. 엄마는 병원에서 일하는 간호 사이다. 엄마는 정말 열심히 일하고 여유 있을 땐 소파에서 책 읽는 것을 좋아한다. 엄마는 뒤뜰에 채소를 기르는 것도 좋아한다.

27. 글쓴이의 엄마는 아침을 먹기 전에 무엇을 합니까?

(A) 개를 산책시킨다.

(B) 뒤뜰을 청소한다.

(C) 채소에 물을 준다.

(D) 출근 준비를 한다.

28. 글쓴이의 엄마는 어디에 채소를 재배합니까?

(A) 공원에

(B) 사무실에

(C) 발코니에

(D) 뒤뜰에

풀이 엄마는 아침을 먹기 전에 개 Terry를 산책시킨다고 했으므로 27번의 정답은 (A)다. 그리고 엄마는 뒤뜰에 채소를 재배한다고 했으므로 28번의 정답은 (D)다.

Words and Phrases vegetable 채소

[29-30]

Dogs are great pets to have. In America, people have more

poodles than any other dog, with German Shepherds coming next. Nearly all dogs can bark. Dogs bark for many reasons, one being to protect the place where they live. However, there is one breed of dog, the Basenji, that does not bark. It is a unique little dog. It can make other noises but cannot bark. It is more like a cat. It washes itself with its tongue. Nowadays, they are pets, but long ago they were used to hunt.

29. Which dog is the most popular in America?

(A) the Poodle

(B) the Basenji

(C) the German Shepherd

(D) the Labrador Retriever

30. What is NOT true about Basenjis?

(A) They act like cats.

(B) They were used to hunt.

(C) They lick themselves clean.

(D) They can't make any noises.

해석 개는 키우기 좋은 동물이다. 미국에서는, 사람들이 다른 어떤 개보다 푸들을 많이 가지고 있고, 그 다음으로는 셰퍼드를 가진다. 거의 모든 개는 짖을 수 있다. 개는 많은 이유 때문에 짖는데, 그 중 하나는 그들이 사는 공간을 지키기 위해서다. 그러나, 바센지라 불리는 짖지 않는 한 품종이 있다. 이것은 작은 특별한 개다. 이것은 다른 소리는 낼 수 있지만 짖지 못한다. 이것은 오히려 고양이에 가깝다. 이것은 혀로 자신을 닦는다. 요즘, 그들은 애완동물이지만, 오래 전에 그들은 사냥하는데 사용되었다.

29. 어떤 강아지가 미국에서 가장 인기가 많습니까?

(A) 푸들

(B) 바센지

(C) 독일 셰퍼드

(D) 래브라도 레트리버

30. 바센지에 대해 사실이 아닌 것은 무엇입니까?

(A) 그들은 고양이처럼 행동한다.

(B) 그들은 사냥하는데 쓰이기도 했다.

(C) 그들은 자신을 핥아서 깨끗하게 한다.

(D) 그들은 어떤 소리도 내지 못한다.

풀이 미국에서 가장 많이 키우고 있는 개는 푸들이라고 했으므로 정답은 (A)이다.

바센지가 짖지 않을 뿐 다른 소리는 낸다고 했으므로 30번의 정답은 (D)다.

Words and Phrases hunt 사냥하다

TOSEL JUNIOR

실전 5회

1 **(C)**	2 **(A)**	3 **(D)**	4 **(D)**	5 **(C)**
6 **(A)**	7 **(B)**	8 **(D)**	9 **(A)**	10 **(B)**
11 **(C)**	12 **(A)**	13 **(B)**	14 **(D)**	15 **(B)**
16 **(B)**	17 **(C)**	18 **(A)**	19 **(B)**	20 **(D)**
21 **(B)**	22 **(D)**	23 **(A)**	24 **(B)**	25 **(A)**
26 **(D)**	27 **(C)**	28 **(B)**	29 **(A)**	30 **(D)**

Section II Reading and Writing

1 **(A)**	2 **(A)**	3 **(C)**	4 **(B)**	5 **(D)**
6 **(D)**	7 **(A)**	8 **(C)**	9 **(D)**	10 **(B)**
11 **(C)**	12 **(D)**	13 **(C)**	14 **(D)**	15 **(D)**
16 **(A)**	17 **(B)**	18 **(C)**	19 **(C)**	20 **(D)**
21 **(A)**	22 **(B)**	23 **(C)**	24 **(B)**	25 **(B)**
26 **(D)**	27 **(C)**	28 **(B)**	29 **(D)**	30 **(A)**

Section I Listening and Speaking

Part A. Listen and Respond (p. 107)

1. Boy: Are you thirteen years old?
   Girl: _____
   (A) No, I am.
   (B) Yes, you are.
   (C) Yes, I am.
   (D) He isn't.
해석 소년: 너는 13살이야?
   소녀: _____
   (A) 아니, 나는 13살이야.
   (B) 응, 너는 13살이야.
   (C) 응, 나는 13살이야.
   (D) 그는 13살이 아니야.
풀이 나이가 13살인지 묻는 소년의 질문에 적절한 응답은 (C)이다.
Words and Phrases year 해, 년

2. Girl: Where is the supermarket?
   Boy: _____
   (A) It's around the corner.
   (B) There is food.
   (C) I love the library.
   (D) Yes, they have eggs.

해석 소녀: 슈퍼마켓은 어디에 있어?
   소년: _____
   (A) 그것은 모퉁이에 있어.
   (B) 음식이 있어.
   (C) 나는 도서관을 좋아해.
   (D) 그래, 그들은 계란을 가지고 있어.
풀이 슈퍼마켓의 위치를 물어보는 질문에 적절한 응답은 (A)이다.
Words and Phrases supermarket 슈퍼마켓 library 도서관

3. Boy: I studied English with my brother.
   Girl: _____
   (A) Do you have a brother?
   (B) Can you sing?
   (C) The book is mine.
   (D) Was it easy?
해석 소년: 나는 형/남동생과 함께 영어를 공부했어.
   소녀: _____
   (A) 너는 형/남동생이 있어?
   (B) 너는 노래를 부를 수 있어?
   (C) 그 책은 내 것이야.
   (D) 그것은 쉬웠어?
풀이 형/남동생과 함께 영어 공부를 했다는 소년의 말에 가장 적절한 응답은 (D)이다.
Words and Phrases study 공부를 하다 with ~와 함께 mine 나의 것
   easy 쉬운

4. Girl: He's feeding the dog.
   Boy: _____
   (A) What are you doing?
   (B) What time is it?
   (C) Where did she like the best?
   (D) Was the dog hungry?
해석 소녀: 그는 강아지에게 먹이를 주는 중이야.
   소년: _____
   (A) 너는 지금 무엇을 하는 중이야?
   (B) 지금 몇 시야?
   (C) 그녀가 가장 좋아했던 곳은 어디야?
   (D) 그 강아지는 배가 고팠어?
풀이 그가 강아지에게 먹이를 주는 중이라는 소녀의 말에서 강아지가 배가 고팠기 때문에 음식을 주었을 것이라는 것을 유추할 수 있으므로 적절한 응답은 (D)이다.
Words and Phrases feed 먹이를 주다 hungry 배가 고픈

5. Boy: Did you watch TV yesterday?
   Girl: _____
   (A) In the living room.
   (B) Sometimes.
   (C) Yes, I did.
   (D) I did homework in the morning.
해석 소년: 너 어제 TV봤어?
   소녀: _____
   (A) 거실에서.
   (B) 때때로.

(C) 응, 봤어.

(D) 나는 아침에 숙제를 했어.

풀이 어제 TV를 봤냐는 질문에 적절한 응답은 (C)이다.

Words and Phrases watch TV TV를 보다 sometimes 때때로
living room 거실

6. Girl: She didn't do her homework.

   Boy: _____

   (A) Why? Is she sick?

   (B) You don't like homework?

   (C) She is a student.

   (D) That's nice.

해석 소녀: 그녀는 숙제를 하지 않았어.

   소년: _____

   (A) 왜? 그녀는 아프니?

   (B) 너는 숙제를 좋아하지 않니?

   (C) 그녀는 학생이야.

   (D) 그것 참 좋네.

풀이 그녀가 숙제를 하지 않았다는 말에 대해 왜 숙제를 하지 않았는지 이유를 물
어보는 (A)가 적절하다.

Words and Phrases sick 아픈 do homework 숙제를 하다 student 학생

7. Boy: My uncle forgot his wallet at home.

   Girl: _____

   (A) Should we visit him?

   (B) Should we lend him money?

   (C) Should we go home?

   (D) Should we ask him for money?

해석 소년: 나의 삼촌이 깜박하고 지갑을 집에 두고 왔어.

   소녀: _____

   (A) 그를 방문할까?

   (B) 그에게 돈을 빌려줘야 할까?

   (C) 집에 갈까?

   (D) 그에게 돈을 빌려달라고 할까?

풀이 삼촌이 지갑을 잊고 안 가져온 상황이므로 적절한 응답은 (B)이다.

Words and Phrases wallet 지갑 forget 잊다 lend 빌려주다
ask 묻다, 요청하다 visit 방문하다

8. Girl: My hair is too long.

   Boy: _____

   (A) You're smart.

   (B) He is short with dark hair.

   (C) He likes seafood.

   (D) No, it's not. I like it.

해석 소녀: 나의 머리카락이 너무 길어.

   소년: _____

   (A) 너는 똑똑해.

   (B) 그는 키가 작고 머리가 어두운 색이야.

   (C) 그는 해산물을 좋아해.

   (D) 아니야, 그렇지 않아. 나는 그게 좋아.

풀이 머리가 너무 길다는 소녀의 말에 적절한 응답은 (D)이다.

Words and Phrases smart 똑똑한 short 키가 작은 seafood 해산물

9. Boy: How many hours of exercise did you do last night?

   Girl: _____

   (A) A few hours!

   (B) Nothing!

   (C) Only a few things.

   (D) Lots of time.

해석 소년: 어제 밤에 몇 시간 동안 운동 했어?

   소녀: _____

   (A) 몇 시간!

   (B) 아무것도 없어!

   (C) 오직 몇 개만.

   (D) 많은 시간.

풀이 어제 몇 시간 정도 운동을 했냐는 질문에 적절한 응답은 (A)이다. (B)와 (C)
는 시간이 아니라 물건에 대한 대답이므로 적절하지 않고 (D)는 추상적으로
말하고 있기 때문에 적절하지 않다.

Words and Phrases exercise 운동하다 lots of 많은

10. Girl: I love your eyes! What color are they?

    Boy: _____

    (A) Thanks!

    (B) Thanks! They are green.

    (C) Thanks. It is brown.

    (D) You too.

해석 소녀: 나는 너의 눈이 마음에 들어! 무슨 색이니?

    소년: _____

    (A) 고마워!

    (B) 고마워! 그것들은 초록색이야.

    (C) 고마워. 그것은 갈색이야.

    (D) 너도 그래.

풀이 소녀는 소년의 눈에 대한 칭찬을 하며 눈이 무슨 색인지 묻고 있으므로 이에
대해 적절한 응답은 (B)이다. (A)는 칭찬에 대한 감사만 할 뿐 눈의 색깔에
대한 대답이 없기 때문에 정답이 될 수 없고 (C)는 복수가 아니라 단수로 이
야기 하고 있기 때문에 적절하지 않다.

Words and Phrases eye 눈 color 색

Part B. Listen and Retell (p. 108)

11. Boy: I have a headache.

    Girl: What can I do for you?

    Boy: Do you have any aspirin?

    Question: What will the girl do?

    (A) get water

    (B) nothing

    (C) help him

    (D) talk to him

해석 소년: 나는 머리가 아파.

    소녀: 내가 뭘 해줄까?

    소년: 너 아스피린 좀 있어?

    질문: 소녀가 할 것은 무엇입니까?

    (A) 물 마시기

    (B) 아무것도 하지 않기

(C) 그를 도와주기

(D) 그에게 말을 걸기

풀이 머리가 아픈 소년에게 소녀가 해줄 수 있는 일을 묻고 있으므로 적절한 답은 (C)이다.

Words and Phrases headache 두통 aspirin 아스피린

12. Girl: What do you want for dinner?

Boy: I want vegetables, so maybe a salad.

Girl: That sounds good.

Question: What does the boy want for dinner?

(A) salad

(B) chicken and rice

(C) beef

(D) cooked vegetables

해석 소녀: 너 저녁으로 뭐 먹고 싶어?

소년: 나는 야채를 먹고 싶어. 샐러드 같은 것 말이야.

소녀: 그거 좋은 생각이야.

질문: 소년은 어떤 음식을 저녁으로 먹고 싶어합니까?

(A) 샐러드

(B) 닭고기와 밥

(C) 소고기

(D) 요리된 채소

풀이 저녁으로 어떤 것을 먹고 싶은지 묻는 소녀의 질문에 소년은 샐러드 같은 것을 먹고 싶다고 했으므로 정답은 (A)이다.

Words and Phrases dinner 저녁 vegetable 채소 salad 샐러드

13. Boy: Where's Mommy?

Girl: She is at the store. Why?

Boy: Oh, I need some money for the movie.

Question: Where is Mommy?

(A) at the theater

(B) at the store

(C) at work

(D) at home

해석 소년: 엄마 어디 계셔?

소녀: 그녀는 상점에 있어. 왜?

소년: 오, 나는 영화를 보기 위한 돈이 조금 필요해.

질문: 엄마는 어디에 있습니까?

(A) 영화관에

(B) 상점에

(C) 일터에

(D) 집에

풀이 어머니가 어디 계시는지 묻는 소년의 질문에 대해 소녀는 어머니가 상점에 계시다고 대답했으므로 정답은 (B)이다.

Words and Phrases theater 영화관

14. Girl: Why are you in bed?

Boy: I'm tired.

Girl: You need some sleep.

Question: What does the boy need?

(A) He needs food.

(B) He needs to do homework.

(C) He needs water.

(D) He needs sleep.

해석 소녀: 너 왜 침대에 있어?

소년: 나는 피곤해.

소녀: 너는 좀 자는 것이 좋겠다.

질문: 소년이 필요한 것은 무엇입니까?

(A) 그는 음식이 필요하다.

(B) 그는 숙제를 해야 한다.

(C) 그는 물이 필요하다.

(D) 그는 잠이 필요하다.

풀이 피곤하다는 소년의 말에 소녀는 자는 것을 권유하고 있으므로 정답은 (D)이다.

Words and Phrases bed 침대 sleep 잠 tired 피곤한

15. Boy: I don't understand this book.

Girl: I know. It's too hard.

Boy: I will ask the teacher for help.

Question: Who will they ask for help?

(A) their friend

(B) their teacher

(C) their mother

(D) nobody

해석 소년: 나는 이 책을 이해할 수가 없어.

소녀: 나도 알아. 이 책은 너무 어려워.

소년: 나는 선생님께 도움을 청할 거야.

질문: 그들이 도움을 요청할 사람은 누구입니까?

(A) 그들의 친구

(B) 그들의 선생님

(C) 그들의 엄마

(D) 누구에게도 도움을 요청하지 않는다.

풀이 소년이 책이 어렵다고 하며 선생님에게 도움을 구할 것이라고 이야기 하고 있으므로 정답은 (B)이다.

Words and Phrases hard 어려운 ask for help 도움을 요청하다

16. Girl: I don't know! The style is nice, but I prefer simpler ones.

Boy: Which ones?

Girl: The red ones. What do you think?

Question: What does the girl like best?

(A) the small one

(B) the red one

(C) the big one

(D) the fur one

해석 소녀: 난 모르겠어! 그 스타일이 좋지만 더 단순한 것이 좋아.

소년: 어떤 것?

소녀: 빨간색. 너는 어떻게 생각해?

질문: 소녀가 가장 좋아하는 것은 무엇입니까?

(A) 작은 것

(B) 빨간 것

(C) 큰 것

(D) 털 달린 것

풀이 소녀는 더 단순한 빨간 것이 더 좋다고 말하고 있으므로 정답은 (B)이다.

Words and Phrases simple 단순한, 간단한 prefer 선호하다 style 스타일

17. Boy: I don't know how to swim.
Girl: Really! You should learn.
Boy: I will! My father is going to teach me.
Question: Who will teach the boy to swim?
(A) the girl
(B) the girl's father
(C) the boy's father
(D) the boy's mother

해석 소년: 나는 수영하는 방법을 몰라.
소녀: 정말! 너는 배워야 해.
소년: 배울 거야! 나의 아빠가 그것을 나에게 가르쳐 줄 거야.
질문: 누가 소년에게 수영하는 것을 가르쳐 줄 것입니까?
(A) 소녀
(B) 소녀의 아버지
(C) 소년의 아버지
(D) 소년의 어머니

풀이 수영을 배워야 한다는 소녀의 말에 소년은 아버지가 수영을 가르쳐 줄 것이라고 했으므로 정답은 (C)이다.

Words and Phrases swim 수영하다 learn 배우다 should 해야만 한다 teach 가르치다

[18-19]
Girl: This is Camilla, our baby horse. Camilla is our newest member at the San Diego Zoo. She is only 6 weeks old. When she was born she weighed 62 kilograms and was 74 centimeters tall. Camilla's mother, Rosy, is standing next to Camilla. She is 7 years old. And over there is Camilla's father, Dennis. Dennis is 17 years old. He is the oldest horse at the zoo.

18. Who is the newest horse at the zoo?
(A) Camilla
(B) Rosy
(C) Dennis
(D) Carmel

19. How old is the newest horse?
(A) 2 weeks old
(B) 6 weeks old
(C) 7 years old
(D) 17 years old

해석 소녀: 이쪽은 우리의 망아지 Camilla입니다. Camilla는 San Diego 동물원의 가장 새로운 멤버입니다. 그녀는 태어난 지 6주 밖에 안됐습니다. 그녀가 태어났을 때, 그녀는 62킬로그램에 74센티미터였습니다. Camilla의 엄마 Rosy는 Camilla옆에 서 있습니다. 그녀는 7살입니다. 그리고 저 쪽에는 Camilla의 아빠 Dennis가 있습니다. Dennis는 17살입니다. 그는 동물원에서 가장 나이가 많은 말입니다.

18. 동물원에서 가장 새로운 말은 누구입니까?
(A) Camilla
(B) Rosy
(C) Dennis
(D) Carmel

19. 가장 새로운 말은 몇 살 입니까?
(A) 2주
(B) 6주
(C) 7살
(D) 17살

풀이 가장 최근의 말은 Rosy와 Dennis의 자식인 Camilla라고 했으므로 18번의 정답은 (A)이다.
Camilla는 태어난 지 6주가 되었다고 했으므로 19번의 정답은 (B)이다.

[20-21]
Boy: Attention, all choir and band members. The last practice for the fall concert will be held in the gymnasium right after school at 4:30. Students who are not in the choir or the band are invited to watch. Please remember to be very quiet during the performance.

20. Where is this announcement made?
(A) in a theater
(B) at a swimming pool
(C) at a basketball court
(D) in a school

21. What do some students need to remember?
(A) to sing loud
(B) to keep quiet
(C) to finish class
(D) to play well

해석 소년: 모든 합창단과 밴드 부원들은 집중해주시기 바랍니다. 가을 공연을 위한 마지막 연습이 학교 수업이 마치자 마자 4시 30분에 체육관에서 있을 예정입니다. 합창단이나 밴드 부원이 아닌 학생들은 공연을 보는 것에 초대되었습니다. 공연 도중에는 굉장히 조용해야 함을 기억하세요.

20. 공지가 어디서 행해졌습니까?
(A) 극장에서
(B) 수영장에서
(C) 농구 코트에서
(D) 학교에서

21. 학생들이 기억해야 할 것은 무엇입니까?
(A) 크게 노래 부르는 것
(B) 조용히 하는 것
(C) 수업을 마치는 것
(D) 잘 연주하는 것

풀이 학생들을 대상으로 연설을 하고 있으므로 20번의 정답은 (D)이다.
공연 도중에는 조용히 해줄 것을 강조했으므로 21번의 정답은 (B)이다.

Words and Phrases choir 합창단

[22-23]
Girl: Mary went to Thailand last week. She arrived Saturday and took a taxi to the hotel. She was tired from the long trip. Her friends John and Tracy were tired too. They took a nap and went to the beach. The water was a beau-

tiful blue color. Mary went swimming but Tracy and John didn't swim. It was a very fun vacation.

22. Where did Mary go on vacation?
    (A) Canada
    (B) China
    (C) Africa
    (D) **Thailand**

23. Who went swimming?
    (A) **Mary**
    (B) John
    (C) Tracy
    (D) Tom

해석 소녀: Mary는 지난 주에 태국에 갔다. 그녀는 토요일에 도착했고 택시를 타고 호텔에 갔다. 그녀는 장거리 여행으로 인해 지쳤다. 그녀의 친구 John과 Tracy 역시 피곤했다. 그들은 낮잠을 자고 해변으로 갔다. 물은 아름다운 파란색이었다. Mary는 수영을 하러 갔지만 Tracy와 John은 수영을 하지 않았다. 정말 재미있는 방학이었다.

22. Mary가 방학에 간 곳은 어디입니까?
    (A) 캐나다
    (B) 중국
    (C) 아프리카
    (D) 태국

23. 누가 수영을 하러 갔습니까?
    (A) Mary
    (B) John
    (C) Tracy
    (D) Tom

풀이 Mary가 방학에 간 곳은 태국이므로 22번의 정답은 (D)이다.
Mary는 수영을 하러갔지만 Tracy와 John은 수영을 하지 않았다고 했으므로 23번의 정답은 (A)이다.

Words and Phrases take a nap 낮잠을 자다 fun 즐거운, 재미있는
vacation 방학

[24-25]
Boy: The cheetah looks something like a leopard. As the fastest animal in the world, a cheetah can run faster than any other animal. Cheetahs walk around the African deserts looking for food. The cheetah picks out one gazelle from the group. The gazelle will be the cheetah's food for the day.

24. What do cheetahs eat?
    (A) deserts
    (B) **gazelles**
    (C) gorillas
    (D) monkeys

25. What does a cheetah look like?
    (A) **a leopard**
    (B) a lion

    (C) a giraffe
    (D) a gazelle

해석 소년: 치타는 표범같이 생겼다. 세상에서 가장 빠른 동물로서, 치타는 그 어떤 동물보다 빠르게 달릴 수 있다. 치타는 음식을 찾으며 아프리카 사막을 돌아 다닌다. 치타는 영양 무리로부터 하나의 영양을 잡아서 골라낸다. 그 영양은 그날의 치타의 먹이가 될 것이다.

24. 치타가 먹는 것은 무엇입니까?
    (A) 사막
    (B) 영양
    (C) 고릴라
    (D) 원숭이

25. 치타는 무엇처럼 생겼습니까?
    (A) 표범
    (B) 사자
    (C) 기린
    (D) 영양

풀이 영양이 치타의 먹이가 될 것이라고 했으므로 24번의 답은 (B)이다.
치타는 표범 같이 생겼다고 했으므로 25번의 정답은 (A)이다.

Words and Phrases cheetah 치타 leopard 표범 desert 사막
gazelle 영양 look for 찾다

Part C. Listen and Speak (p. 112)

26. Girl: Can you tell me where the bookstore is?
    Boy: It's down the street across the library.
    Girl: Is it a long walk?
    Boy: _____
    (A) Thanks.
    (B) You are not right.
    (C) No problem.
    (D) **It takes five minutes.**

해석 소녀: 서점이 어디 있는지 알려줄 수 있어?
소년: 그것은 이 길을 쭉 따라가서 도서관의 맞은편에 있어.
소녀: 많이 걸어야 해?
소년: _____
(A) 고마워.
(B) 너는 잘못됐어.
(C) 문제없어.
(D) 5분 정도 걸려.

풀이 서점이 걸어가기에 먼지 물어보는 질문에 적절한 응답은 (D)이다.
Words and Phrases bookstore 서점 across 맞은 편에 library 서점

27. Boy: What are you doing this weekend?
    Girl: I am studying for my English test.
    Boy: When is the test?
    Girl: _____
    (A) That sounds good.
    (B) What do you want?
    (C) **It's on Monday.**
    (D) I hope so.

해석 소년: 너 이번 주말에 뭐해?

　　　소녀: 나의 영어 시험을 위해 공부를 할 거야.

　　　소년: 시험이 언젠데?

　　　소녀: ＿＿＿＿＿＿＿＿＿＿＿＿

　　　(A) 그거 좋지.

　　　(B) 너는 무엇을 원해?

　　　(C) 월요일에 있어.

　　　(D) 나도 그렇기를 희망해.

풀이 시험이 언제인지를 묻는 질문에 적절한 응답은 (C)이다.

Words and Phrases weekend 주말 test 시험 hope 바란다, 희망하다

28. Girl: May I bring you something to drink?

　　　Boy: I'd like an iced tea.

　　　Girl: Bring me a large lemon, please.

　　　Boy: ＿＿＿＿＿＿＿＿＿＿＿＿

　　　(A) I am hungry.

　　　(B) Okay, I will. Wait a moment.

　　　(C) I'll have an iced tea.

　　　(D) Thank you.

해석 소녀: 마실 것 좀 가져다 줄까?

　　　소년: 나는 아이스티가 좋겠어.

　　　소녀: 커다란 레몬을 가져와줘.

　　　소년: ＿＿＿＿＿＿＿＿＿＿＿＿

　　　(A) 나는 배고파.

　　　(B) 응, 그럴게. 잠깐 기다려.

　　　(C) 나는 차가운 차를 마실게.

　　　(D) 고마워.

풀이 마실 것을 주는지 물어 본 소녀의 말에 소년이 아이스 티를 달라고 하자 소녀가 레몬을 하나 가져다 달라고 부탁하였으므로 가져다 주겠다는 (B)가 정답이다.

29. Boy: Excuse me.

　　　Girl: Yes, can I help you?

　　　Boy: Yes, I am looking for a book on hobbies.

　　　Girl: The books are on the second floor next to the sport section.

　　　Boy: ＿＿＿＿＿＿＿＿＿＿＿＿

　　　(A) Thank you.

　　　(B) That's great!

　　　(C) You can't miss it.

　　　(D) Don't mention it.

해석 소년: 실례합니다.

　　　소녀: 네, 무엇을 도와드릴까요?

　　　소년: 네, 저는 취미에 관한 책을 찾고 있습니다.

　　　소녀: 그 책들은 2층의 스포츠 부문 옆에 있습니다.

　　　소년: ＿＿＿＿＿＿＿＿＿＿＿＿

　　　(A) 고맙습니다.

　　　(B) 그거 대단하네요!

　　　(C) 분명 찾을 거에요.

　　　(D) 그런 말씀 마세요.

풀이 남자가 책의 위치에 관하여 여자에게 도움을 청하였고, 여자의 도움을 받았으므로, 적절한 응답은 감사를 표하는 (A)이다.

Words and Phrases look for 찾다 hobby 취미 floor 층 section 부문

30. Girl: How's the weather?

　　　Boy: It's cold and rainy.

　　　Girl: Did you wear a jacket?

　　　Boy: ＿＿＿＿＿＿＿＿＿＿＿＿

　　　(A) I don't like the rain.

　　　(B) It was sunny yesterday.

　　　(C) I love the rain.

　　　(D) Yes, but I forgot my umbrella.

해석 소녀: 날씨가 어때?

　　　소년: 춥고 비가 와.

　　　소녀: 너 재킷 입었니?

　　　소년: ＿＿＿＿＿＿＿＿＿＿＿＿

　　　(A) 나는 비를 좋아하지 않아.

　　　(B) 어제는 해가 쨍쨍한 날이었어.

　　　(C) 나는 비가 좋아.

　　　(D) 응, 그런데 우산 가지고 오는 것을 잊어버렸어.

풀이 비가 오는데 재킷을 입었냐는 물음에 대해 적절한 응답은 재킷을 입었는지의 유무에 대한 대답을 하고, 부가적인 내용을 말하고 있는 (D)이다.

Words and Phrases weather 날씨 rainy 비가 내리는 forget 잊다 umbrella 우산

Section II Reading and Writing

Part A. Sentence Completion (p. 115)

1. A: Where was ＿＿＿＿＿＿?

　　B: He was at the gym.

　　(A) he

　　(B) his

　　(C) him

　　(D) he's

해석 A: 그는 어디에 있었어?

　　B: 그는 체육관에서 있었어.

　　(A) 그는

　　(B) 그의

　　(C) 그를

　　(D) 그는 ~이다

풀이 의문문의 be동사 뒤 주격 형태가 나와야 하므로 (A)가 정답이다.

Words and Phrases gym 체육관

2. A: ＿＿＿＿＿＿ tennis?

　　B: Yes, I play tennis twice a week.

　　(A) Do you play

　　(B) Are you play

　　(C) Did you played

　　(D) Were you play

해석 A: 너는 테니스를 하니?

　　B: 응, 나는 일주일에 두 번 테니스를 해.

　　(A) 너는 ~하니

　　(B) 틀린 표현

(C) 틀린 표현

(D) 틀린 표현

풀이 B가 일주일에 두 번 테니스를 한다고 했으므로 습관을 묻는 현재형이 나와야 적절하다. 그러므로 (A)가 정답이다.

3. A: Do you know him?
   B: No, I don't. _____ he looks familiar.
   (A) Or
   (B) So
   (C) But
   (D) And

해석 A: 너는 그를 알아?
   B: 아니, 하지만 그는 낯이 익어.
   (A) 또는
   (B) 그래서
   (C) 하지만
   (D) 그리고

풀이 그를 아는지 묻는 질문에 모른다고 대답하고 그는 낯이 익다고 한 것으로 보아 '하지만'으로 연결해주는 것이 자연스럽다. 그러므로 (C)가 정답이다

Words and Phrases familiar 익숙한, 낯이 익은

4. A: What does a designer do?
   B: He _____ clothes.
   (A) make
   (B) makes
   (C) maked
   (D) making

해석 A: 디자이너는 무엇을 해?
   B: 그는 옷을 만들어.
   (A) 만들다 (1·2인칭 단·복수형, 3인칭 복수형)
   (B) 만들다 (3인칭 단수형)
   (C) 틀린 표현
   (D) 만드는 것

풀이 디자이너가 하는 일을 물었으므로 현재형을 써야하고, 3인칭 단수 주어에 알맞은 동사 형태를 써야하므로 (B)가 정답이다.

5. A: _____ hat do you like?
   B: I like the pink one.
   (A) When
   (B) Where
   (C) Why
   (D) Which

해석 A: 어느 모자를 좋아해?
   B: 나는 핑크색 모자를 좋아해.
   (A) 언제
   (B) 어디
   (C) 왜
   (D) 어느

풀이 대답이 색에 대해 이야기 하고 있으므로, '어느'라는 의문사인 (D)가 가장 적절하다.

Part B. Situational Writing (p. 116)

6. She is _____.
   (A) lost in the desert
   (B) resting at the beach
   (C) swimming across the river
   (D) traveling to the countryside

해석 그녀는 시골을 여행하고 있다.
   (A) 사막에서 길을 잃었다
   (B) 해변에서 쉬고 있다
   (C) 강에서 수영을 하고 있다
   (D) 시골을 여행하고 있다

풀이 그림에서 소녀가 시골을 향해 가고 있으므로 (D)가 정답이다.

Words and Phrases desert 사막 beach 해변 travel 여행하다
                   countryside 시골

7. The boy is sitting on his grandfather's _____.
   (A) lap
   (B) arm
   (C) wrist
   (D) ankle

해석 소년은 그의 할아버지의 무릎 위에 앉아있다.
   (A) 무릎
   (B) 팔
   (C) 손목
   (D) 발목

풀이 그림에서 소년이 할아버지의 무릎에 앉아있으므로 (A)가 정답이다.

Words and Phrases grandfather 할아버지 lap 무릎 arm 팔 wrist 손목
                   ankle 발목

8. Robert ordered _____ vegetable soup at the restaurant.
   (A) a cup of
   (B) a slice of
   (C) a bowl of
   (D) a glass of

해석 Robet는 야채수프 한 그릇을 음식점에서 시켰다.
   (A) 한 컵의
   (B) 한 조각의
   (C) 한 그릇의
   (D) 한 잔의

풀이 그림에서 한 잔의 와인과 야채수프 한 그릇이 테이블에 올려져 있는 것을 볼 수 있으므로 (C)가 정답이다.

Words and Phrases order 주문하다 vegetable soup 야채수프
                   a slice of 한 조각의 a bowl of 한 그릇의
                   a glass of 한 잔의

9. A mail carrier is _____ letters.
   (A) writing
   (B) tearing
   (C) receiving
   (D) delivering

해석 우편 배달원은 편지들을 배달하고 있다.

(A) 쓰고

(B) 찢고

(C) 받고

(D) 배달하고

풀이 그림에서 우편 배달원은 편지를 우편함에 넣고 있으므로 (D)가 정답이다.

Words and Phrases mail carrier 우편 배달원 tear 찢다 receive 받다

deliver 배달하다

10. Swimming is _____ in this river.

(A) afraid

(B) not allowed

(C) not marked

(D) very finished

해석 수영은 이 강에서 허가되지 않는다.

(A) 무서운

(B) 허가되지 않다

(C) 표시되지 않다

(D) 바로 끝나다

풀이 표지판을 보면 수영이 금지된다고 나와 있으므로 (B)가 정답이다.

Words and Phrases swim 수영하다 river 강 afraid 두려운

allow 허락하다 mark 표시하다 finish 끝내다

Part C. Practical Reading and Retelling (p. 119)

[11-12]

Chess Tournament Schedule -- Round 1		
Time	Game 1	Game 2
10:00 AM – 11:00 AM	Brian vs. Jill	Mark vs. Jeremy
11:00 AM – 12:00 PM	Jeremy vs. Trisha	Mark vs. Brian
1:00 PM – 2:00 PM	Jill vs. Trisha	Brian vs. Jeremy
2:00 PM – 3:00 PM	Mark vs. Trisha	Jill vs. Jeremy
3:00 PM – 4:00 PM	Mark vs. Jill	Brian vs. Trisha

11. When will Jill play against Jeremy?

(A) 11:00 AM – 12:00 PM

(B) 1:00 PM – 2:00 PM

(C) 2:00 PM – 3:00 PM

(D) 3:00 PM - 4:00 PM

12. Who will play with each other from 11:00 AM – 12:00 PM?

(A) Mark and Trisha

(B) Brian and Trisha

(C) Jill and Jeremy

(D) Mark and Brian

해석 체스 토너먼트 일정 - 1 라운드

시간	게임 1	게임 2
오전 10시 – 오전 11시	Brian 대 Jill	Mark 대 Jeremy
오전 11시 – 오후 12시	Jeremy 대 Trisha	Mark 대 Brian
오후 1시 – 오후 2시	Jill 대 Trisha	Brian 대 Jeremy
오후 2시 – 오후 3시	Mark 대 Trisha	Jill 대 Jeremy
오후 3시 – 오후 4시	Mark 대 Jill	Brian 대 Trisha

11. Jill은 언제 Jeremy를 상대해 경기합니까?

(A) 오전 11시 ~ 12시

(B) 오후 1시 ~ 2시

(C) 오후 2시 ~ 3시

(D) 오후 3시 ~ 4시

12. 누가 오전 11시에서 12시까지 경기합니까?

(A) Mark and Trisha

(B) Brian and Trisha

(C) Jill and Jeremy

(D) Mark and Brian

풀이 표의 Game 2에서 해당 경기가 오후 2시에서 3시까지 진행됨을 확인할 수 있으므로 11번은 (C)가 정답이다.

11시부터 12시까지는 Jeremy와 Trisha, Mark와 Brian이 경기하므로 12번은 (D)가 정답이다.

[13-14]

Rawlings Internet Cafe

*Computer Time: $1.00/hour

*Printing: $0.10/page (black and white), $0.25/page (color)

*Photocopying: $0.15/page (black and white), $0.30/page (color)

We also sell computer accessories. Get hard drives, ink cartridges, printer paper, computer mouse, and RAM chips at bargain prices.

13. How much does it cost to print a single color page?

(A) $0.10

(B) $0.15

(C) $0.25

(D) $0.30

14. What does the cafe NOT sell?

(A) RAM chips

(B) printer paper

(C) computer mouse

(D) computer keyboards

Rawlings의 인터넷 카페

컴퓨터: 시간 당 $1.00

인쇄: 페이지 당 $0.10 (흑백), $0.25 (컬러)

복사: 페이지 당 $0.15 (흑백), $0.30 (컬러)

우리는 또한 컴퓨터 부속품들을 판매합니다. 하드드라이브, 잉크 카트리지, 인쇄용지, 마우스, 그리고 RAM 카드를 저렴한 가격에 구입하세요.

13. 한 장의 컬러 인쇄는 얼마입니까?

(A) 10센트

(B) 15센트

(C) 25센트

(D) 30센트

14. 카페에서 팔지 않는 것은 무엇입니까?

(A) RAM 칩

(B) 프린터 용지

(C) 컴퓨터 마우스

(D) 컴퓨터 키보드

풀이 페이지 당 컬러 인쇄는 $0.25임을 확인할 수 있으므로 13번의 정답은 (C)이다.

카페에서 판매하는 물건들 중 키보드는 언급되지 않았으므로 14번은 (D)가 정답이다.

Words and Phrases accessory 액세서리, 부속품 bargain 저렴한 물건

[15-16]

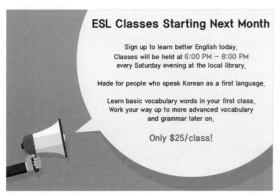

15. Where will the classes take place?

(A) at a store

(B) at a theater

(C) at a school

(D) at a library

16. What will the first class teach students?

(A) English words

(B) English grammar

(C) Korean words

(D) Korean grammar

다음 달 시작하는 ESL 수업

더 나은 영어를 배우기 위해 오늘 가입하세요.

수업은 매주 토요일 오후 6시에서 8시까지 지역 도서관에서 진행됩니다.

한국어를 모국어로 하는 사람들을 대상으로 진행됩니다.

첫 수업에서는 기본적인 단어를 배웁니다.

나중에 더 숙련된 단어들과 문법을 배우게 됩니다.

15. 수업은 어디에서 진행됩니까?

(A) 상점에서

(B) 영화관에서

(C) 학교에서

(D) 도서관에서

16. 첫 수업에서는 학생들에게 무엇을 가르칩니까?

(A) 영어 단어

(B) 영어 문법

(C) 한글 단어

(D) 한글 문법

풀이 첫 번째 문장에서 지역 도서관에서 수업이 진행됨을 알 수 있으므로 15번의 정답은 (D)이다.

세 번째 안내에서 첫 수업 시 기본적인 단어를 배운다고 언급되어 있으므로 16번의 정답은 (A)이다.

Words and Phrases local 지역의, 지방 first language 모국어 advanced 숙련된, 진보된 theater 극장

[17-18]

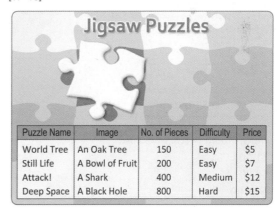

Puzzle Name	Image	No. of Pieces	Difficulty	Price
World Tree	An Oak Tree	150	Easy	$5
Still Life	A Bowl of Fruit	200	Easy	$7
Attack!	A Shark	400	Medium	$12
Deep Space	A Black Hole	800	Hard	$15

17. Which puzzle has exactly 200 pieces?

(A) World Tree

(B) Still Life

(C) Attack!

(D) Deep Space

18. What image can you see on the most difficult puzzle?

(A) a shark

(B) an oak tree

(C) a black hole

(D) a bowl of fruit

조각 그림 맞추기

퍼즐 이름	그림	퍼즐 수	난이도	가격
세계 나무	오크 나무	150	쉬움	$5
정물화	과일 그릇	200	쉬움	$7
공격!	상어	400	중간	$12
먼 우주	블랙 홀	800	어려움	$15

17. 어떤 퍼즐이 200조각을 가지고 있습니까?

(A) 세계 나무

(B) 정물화

(C) 공격!

(D) 먼 우주

18. 가장 어려운 퍼즐에서 볼 수 있는 그림은 무엇입니까?

(A) 상어

(B) 오크 나무

(C) 블랙홀

(D) 과일 그릇

풀이 표에서 정물화 퍼즐이 200조각임을 확인할 수 있으므로 17번의 정답은 (B)이다.

가장 어려운 퍼즐은 마지막 행의 먼 우주이며 해당되는 그림은 블랙홀이므로 18번의 정답은 (C)이다.

[19-20]

19. How much would twelve roses cost?

(A) $1.50

(B) $2.00

(C) $15.00

(D) $20.00

20. What type of flower does Jill NOT sell?

(A) roses

(B) tulips

(C) daisies

(D) violets

해석

Jill의 꽃가게

장미: 각각 $1.50, 12송이 $15
튤립: 각각 $2.00, 12송이 $20
데이지: 1다발 $1.00, 6개 구입 시 1개 무료 증정
저희 꽃다발과 함께 당신의 관심을 보여주세요.
저희 꽃들은 당신이 찾을 수 있는 가장 아름다운 꽃입니다.

19. 12송이 장미는 얼마입니까?

(A) 1.5달러

(B) 2달러

(C) 15달러

(D) 20달러

20. Jill이 판매하지 않는 꽃 종류는 무엇입니까?

(A) 장미

(B) 튤립

(C) 데이지 꽃

(D) 제비꽃

풀이 첫 문장에서 12송이 장미가 $15라고 나와있으므로 19번은 (C)가 정답이다.

Jill이 판매하는 꽃은 장미, 튤립, 데이지이므로 20번은 (D)가 정답이다.

Words and Phrases dozen 열두 개의 floral 꽃의 bouquet 부케

violet 제비꽃

Part D. General Reading and Retelling (p. 124)

[21-22]

I love to travel. The last place I visited was Washington D.C. It's the capital of America. It's where the President lives. He lives in a house called The White House. I got my photo taken in front of it. I also got to visit many great museums. The museums in D.C. are called Smithsonians. They are all free. My mom liked that we didn't have to spend any money. After we visited three museums in one day, I was very tired. My mother let me buy a hotdog from a cart on the street. It was delicious.

21. Where did the writer have a photo taken?

(A) in front of The White House

(B) inside the museum

(C) on the street

(D) at a friend's house

22. What didn't the writer visit in America?

(A) The White House

(B) Smithsonians

(C) museums

(D) theaters

해석 나는 여행하는 것을 좋아한다. 내가 마지막으로 방문했던 곳은 워싱턴 D.C.이다. 그 곳은 미국의 수도이다. 그곳은 대통령이 사는 곳이다. 그는 백악관이라고 불리는 곳에 산다. 나는 그 앞에서 사진을 찍었다. 나는 또한 많은 훌륭한 박물관들을 방문하게 되었다. 워싱턴 D.C.에 있는 박물관의 이름은 Smithsonians라고 불린다. 그것들은 모두 무료이다. 나의 엄마는 우리가 어떠한 돈도 쓰지 않아도 된다는 것을 좋아했다. 하루에 세 곳의 박물관을 방문하고 나서 나는 매우 피곤해졌다. 나의 엄마는 내가 거리의 카트에서 핫도그를 사도록 허락했다. 그것은 맛있었다.

21. 글쓴이는 어디에서 사진을 찍었습니까?

(A) 백악관 앞에서

(B) 박물관 안에서

(C) 거리에서

(D) 친구네 집에서

22. 글쓴이가 미국에서 방문하지 않은 곳은 어디입니까?

(A) 백악관

(B) Smithsonians

(C) 박물관

(D) 영화관

풀이 글쓴이는 백악관 앞에서 자신의 사진을 찍었다고 했으므로 21번의 정답은 (A)이다.

글쓴이는 워싱턴 D.C.에서 백악관과 박물관을 방문했으므로 글쓴이가 방문하지 않은 곳은 (D) 영화관이다.

Words and Phrases travel 여행하다 place 장소 president 대통령
The White House 백악관 take a photo 사진을 찍다
museum 박물관 have to ~해야 한다
spend (시간, 돈을) 쓰다 delicious 맛있는
let someone do ~에게 ~을 하게 하다

[23-24]

My dream house is going to be huge! I want it to have two levels. Upstairs there will be four bedrooms and two bathrooms. One of the bathrooms will be inside my bedroom. Downstairs there will be a kitchen, a living room, a dining room, an office, and another bathroom. My uncle is a carpenter, so he is going to help me build it. He has built many houses. The most important part of my dream house is where I build it. I want it to be next to the ocean. I lived by the ocean when I was younger and I really miss it. When I open my bedroom window at night I want to hear the waves crashing on the beach. If the air is cool, I will have a fire in my fireplace. I can't wait to build my dream house!

23. What is his uncle's job?

(A) a writer

(B) a musician

(C) **a carpenter**

(D) a dentist

24. Where does he want his dream house to be?

(A) by a lake

(B) **next to the ocean**

(C) by a pond

(D) in the city

해석 내 꿈의 집은 매우 클 것이다! 나는 2층 집을 원한다. 위층에는 4개의 방과 2개의 욕실이 있을 것이다. 욕실 중 하나는 나의 침실에 있을 것이다. 아래층에는 부엌, 거실, 식당, 사무실, 그리고 또 다른 욕실이 있을 것이다. 나의 삼촌은 목수이다. 그래서 그는 내가 집 짓는 것을 도와주실 것이다. 그는 많은 집들을 지어왔다. 내 미래의 집에서 가장 중요한 것은 내가 그것을 어디에 짓는지이다. 나는 그것이 바다 옆에 있기를 바란다. 나는 내가 어릴 때 바다 옆에 살았다. 나는 그것을 정말로 그리워한다. 내가 밤에 침실 창문을 열 때, 나는 파도가 해변에 부서지는 소리를 듣고 싶다. 만약 공기가 차다면 나는 나의 벽난로에 불을 붙일 것이다. 나는 나의 꿈의 집을 짓기를 정말 고대한다!

23. 그의 삼촌 직업은 무엇입니까?

(A) 작가

(B) 음악가

(C) 목수

(D) 치과 의사

24. 그는 그의 미래의 집이 어디에 있길 원합니까?

(A) 호수 옆에

(B) 바다 옆에

(C) 연못 옆에

(D) 도시에

풀이 내용을 보면 그의 삼촌은 목수라는 것을 알 수 있다. 따라서 23번의 정답은 (C)이다.

글쓴이는 그의 꿈의 집이 바다 옆에 있기를 바란다고 했으므로 24번의 정답은 (B)이다.

Words and Phrases huge 큰 upstairs 위층 downstairs 아래층
inside ~안에 carpenter 목수 build 건물을 짓다
important 중요한 next to ~옆에 by ~옆에
wave 파도 crash 부서지다 fireplace 벽난로
can't wait to ~를 너무 하고싶다

[25-26]

Lucas is an athlete. He loves to play all sports. His favorite sport is soccer, but he is the best at playing hockey. Lucas has played on many teams, so he has made lots of good friends that like to play sports, too. To stay healthy and in good shape, he likes to go for a run with friends every morning before school. After school, he goes to the gym and lifts weights. This helps his muscles become stronger. Exercise is an important part of being healthy, but so is eating well. This is why Lucas makes sure to eat lots of fruits and vegetables with breakfast, lunch and dinner. Also, he makes sure to drink at least eight glasses of water a day.

25. What sport is Lucas best at?

(A) soccer

(B) **hockey**

(C) weight lifting

(D) running

26. What are two things that help make Lucas a healthy person?

(A) sleeping and eating pizza

(B) eating and watching TV

(C) exercising and not seeing friends

(D) **eating well and exercising**

해석 Lucas는 운동선수이다. 그는 모든 스포츠를 하는 것을 좋아한다. 그가 가장 좋아하는 스포츠는 축구이지만 그가 하키를 가장 잘 한다. Lucas는 많은 팀에서 경기를 해왔다. 그래서 그는 그처럼 스포츠 하기를 좋아하는 많은 좋은 친구들을 만들었다. 건강하게 지내고 좋은 몸 상태를 유지하기 위해, 그는 친구들과 매일 아침 학교 가기 전에 달리기하러 가는 것을 즐긴다. 방과 후에 그는 체육관에 가서 역기를 든다. 이것은 그의 근육들이 더욱 강해지도록 돕는다. 운동은 건강하게 지내는 것에 있어서 중요한 부분이지만 잘 먹는 것도 매우 중요하다. 이것은 Lucas가 아침, 점심, 저녁으로 많은 과일들과 야채들을 꼭 함께 먹는 이유이다. 또한, 그는 하루에 최소 8잔 이상의 물을 꼭 마신다.

25. Lucas가 가장 잘하는 스포츠는 무엇입니까?

(A) 축구

(B) 하키

(C) 역기 들기

(D) 달리기

26. Lucas를 건강한 사람으로 만드는 두 가지는 무엇입니까?

(A) 잠 자는 것과 피자 먹는 것

(B) 먹는 것과 TV를 보는 것

(C) 운동하는 것과 친구를 만나지 않는 것

(D) 잘 먹는 것과 운동하는 것

풀이 Lucas가 가장 좋아하는 스포츠는 축구이지만 가장 잘하는 스포츠는 하키라고 했으므로 25번의 정답은 (B)이다.

건강하게 지내는 데 있어서 가장 중요한 것은 운동하는 것과 잘 먹는 것이라고 했으므로 26번의 정답은 (D)이다.

Words and Phrases athlete 운동선수 be good at ~에 재능이 있다
be in good shape 좋은 몸 상태를 유지하다
muscle 근육 exercise 운동 at least 최소한

(A) 긴장된

(B) 걱정된

(C) 흥분된

(D) 피곤한

28. 글쓴이는 다음 주에 무엇을 할 것입니까?

(A) 연극을 보기

(B) 학교 연극을 위해 선발 테스트를 보기

(C) 아무것도 하지 않기

(D) 의상을 만들기

풀이 글쓴이는 연극이 매우 환상적이었고 좋았다고 했으므로 27번의 정답은 (C)가 가장 적절하다.

글쓴이는 연극을 보고 자신도 학교에서 하는 연극에 도전해보기로 결정했다고 했기 때문에 28번의 정답은 (B)이다.

Words and Phrases field trip 교외 견학 play 연극 front 앞의
talented 재능이 있는 costume 의상 audience 청중
stand up 일어서다 clap 박수를 치다
decide 결정하다 try out 선발 테스트를 보다

[27-28]

Last week, my class went on a field trip. We went to the town theater to watch a play written by William Shakespeare. When we got to the theater, we bought our tickets and found our seats. I had a really great seat in the front row. I loved watching the actors act. They were all so talented. The make-up and costumes were beautiful. Everyone in the audience stood up and clapped when the play ended. We clapped for two minutes! As I walked home after school, I started to think about the play again. I was thinking how wonderful it would be to be in a play. So, I have decided that I will try out for the play at my school. Auditions start next week!

27. How did the writer feel after watching the play?

(A) nervous

(B) worried

(C) excited

(D) tired

28. What will the writer do next week?

(A) watch the play

(B) try out for the school play

(C) nothing

(D) make a costume

해석 지난주, 나의 반은 현장학습을 갔다. 우리는 시내의 극장에서 William Shakespeare가 쓴 연극을 보았다. 우리가 극장에 도착했을 때, 우리는 티켓을 샀고 우리의 자리를 찾았다. 나는 첫 번째 줄의 굉장히 좋은 자리였다. 나는 배우들의 연기를 보는 것이 좋았다. 그들은 모두 재능이 넘쳤다. 분장과 의상도 아름다웠다. 청중들 모두는 극이 끝났을 때 일어나서 박수를 쳤다. 우리는 2분 동안이나 박수를 쳤다. 내가 방과 후에 집으로 걸어가고 있을 때, 나는 그 연극에 대해 다시 생각하기 시작했다. 나는 연극에 참여하는 것이 얼마나 환상적일지에 대해 생각했다. 그래서 나는 나의 학교에서 하는 연극에 도전해보기로 결정했다. 오디션은 다음 주에 시작한다!

27. 글쓴이는 연극을 보고 어떤 감정을 느꼈습니까?

[29-30]

The New Seven Wonders of the World were announced in Lisbon, Portugal on Saturday, July 7, 2007. The New Seven Wonders are from countries all over the world. More than 100 million people voted through the Internet. People all over the world voted and chose these as the top seven. The Great Wall of China in China, Petra in Jordan, Chichén Itzá in Mexico, the Statue of Christ Redeemer in Brazil, the Colosseum in Italy, Machu Picchu in Peru and the Taj Mahal in India. The Pyramids of Giza in Egypt are both an Ancient Wonder of the World and on the New Wonders of the World list.

29. What country does not have one of the Seven Wonders?

(A) Mexico

(B) Jordan

(C) China

(D) Portugal

30. How did they make the new list?

(A) They had people vote for it.

(B) There was a group of famous people who decided it.

(C) They used a scoring system with judges.

(D) The United Nations decided it.

해석 새로운 세계 7대 불가사의가 2007년 7월 7일 토요일 포르투갈 리스본에서 발표되었다. 새로운 7대 불가사의는 전세계 여러 나라에서 뽑혔다. 1억명 이상의 사람들이 인터넷을 통해 투표했다. 전세계의 사람들은 투표를 했고 이것들을 최고의 7가지로 선택했다. 중국의 만리장성, 요르단의 페트라, 멕시코의 ChichénItzá, 브라질의 거대 예수상, 이탈리아의 콜로세움, 페루의 마추픽추, 인도의 타지마할이다. 이집트 기자의 피라미드는 새로운 세계의 불가사의 목록과 고대의 불가사의 목록 둘 다에 올랐다.

29. 7대 불가사의를 가지지 않은 나라는 어디입니까?

(A) 멕시코

(B) 요르단

(C) 중국

(D) 포르투갈

30. 그들은 어떻게 새로운 목록을 만들었습니까?
(A) 그들은 사람들이 그것을 위해 **투표**를 하도록 했다.
(B) 거기에는 결정을 하는 유명한 사람들의 집단이 있었다.
(C) 그들은 판정에 점수제도를 사용했다.
(D) 국제연합이 결정했다.

풀이 새로운 세계 7대 불가사의를 가진 나라들은 중국, 요르단, 멕시코, 브라질, 이탈리아, 페루, 인도이다. 포르투갈은 새로운 7대 불가사의가 발표된 나라 일 뿐, 7대 불가사의를 가진 나라는 아니다. 따라서 29번의 정답은 (D)이다. 새로운 목록은 인터넷을 통해 1억명 이상의 사람들이 투표에 참여하여 만들 어졌으므로, 30번의 정답은 (A)이다.

Words and Phrases announce 발표하다 all over the world 전세계에
more than ~보다 많은 through ~를 통해
as ~로, ~로써 ancient 고대의 decide 결정하다
judge 판정

국제토셀위원회

TOSEL®
예상문제집

JUNIOR